ALFRED HAEFELI • ERIKA LÜSCHER

Die grosse Schweizer Küche

REZEPTE & KULINARISCHE GESCHICHTEN

FONA

Fona Verlag AG, CH-5600 Lenzburg
www.fona.ch

Lektorat Léonie Schmid

Texte Produkte und Kulinarisches Erbe Erika Lüscher, Gränichen

Rezeptnachweis Seite 221

Gestaltung FonaGrafik

Bildnachweis Seite 220

Druck Druckerei Uhl, Radolfzell

ISBN 978-3-03780-637-1

INHALT

Suppen

Vorspeisen & kleine Mahlzeiten

Vegetarische Gerichte

Fleischgerichte

Fischgerichte

Eintöpfe & Aufläufe

Brot, Kuchen & Gebäck

Desserts

Anhang

Abkürzungen

EL	gestrichener Esslöffel
TL	gestrichener Teelöffel
dl	Deziliter
ml	Milliliter
l	Liter
g	Gramm
kg	Kilogramm
Msp	Messerspitze

Vorwort

Frischhalten, Kochen und Essen sind derart mit dem Kühlschrank verbunden, dass ich dieser Küchenhilfe am Anfang des Buches einen Kranz winden möchte. Der Kühlschrank wurde 1876 vom deutschen Ingenieur Carl von Linde erfunden. Den Weg in die Alltagsküchen fand er aber erst in den Jahren nach dem Zweiten Weltkrieg. Ein altes Fachbuch erklärt den unverzichtbaren Luxus in unseren Küchen mit einfachen Worten: «Ein Kühlschrank ist ein dem gleichnamigen Möbel nachempfundenes Gerät, das elektrisch oder mit Flüssiggas betrieben wird und die Temperatur in seinem Inneren mittels eines Kühlaggregats niedrig hält und Frischprodukte kühlt.» Ein Hoch auf die Erfindung des Jahrtausends, das unser Essen, auch die überlieferten Rezepte der Ahnen, grundlegend veränderte.

AUF IN DIE KÜCHE – ODER AB AUFS SOFA!

Einundachzigtausend deutschsprachige Kochbücher können gegoogelt werden. Wenn Ihnen bei dieser Zahl schwindlig wird, seien Sie beruhigt: Die in die Fachgruppe der Ratgeber gehörenden Bücher werden zwar auch hin und wieder beim Kochen zu Rate gezogen. Meistens aber steigern sie unsere Lust am Essen, beflügeln die Fantasie und regen zum Erfinden neuer Kreationen an. Weil sie Wissen vermitteln und schön anzuschauen sind, werden unsere Nachfolger(Innen) in den Verlagen auch künftig Rezepte zwischen zwei Buchdeckel legen. Die verschiedensten Zielgruppen werden zwar kleiner, doch es wird immer Menschen geben, die gern kochen und in Mussestunden ein «Koch»-Buch haptisch spüren wollen, um Anregungen zu finden. Da können die Millionen angesammelter Rezepte im World Wide Web den Kopfstand machen – Kochbücher wird es immer geben.

VOM EIDGENOSSEN-ESSEN ZUR SCHWEIZER KÜCHE

Über die Lebensweise und die Ernährung der Bewohner urschweizerischer Gebiete im 14. Jahrhundert ist wenig überliefert. Sicher bildeten Stall, Feld und Wald die Grundlagen zur Gewinnung der zum Überleben notwendigen Lebensmittel. Hundert Jahre vor der Gründung der Schweizerischen Eidgenossenschaft im Jahre 1848 begann mit der Mechanisierung im Gewerbe und durch die Intensivierung der landwirtschaftlichen Produktion der grosse ökonomische Umbruch. Waren Nahrungsmittel bisher oft Mangelware, standen nun mehr Produkte zur Verfügung. Vor allem in den Küchen besser situierter Familien konnte aus dem Vollen geschöpft werden, was die Mengen und die Verschiedenartigkeit von Früchten, Gemüsen und gemahlenen Produkten betraf.

Dass die gute, landwirtschaftlich geprägte Küche eine wichtige Voraussetzung für die weitere Entwicklung von Gewerbe, Industrie und Tourismus im 19. Jahrhundert war, wird meist vergessen oder als nebensächlich abgetan. In dieser Zeit entstanden die ersten Kochbücher mit kalorienreichen Rezepten für Frauen und Männer, die enorme körperliche Leistungen vollbringen mussten. Die Titel dieser Bücher trugen die Namen der Region oder des Wohnkantons der Autorinnen. Gesamtwerke mit einem gemischten Angebot aus allen Gebieten der Helvetik oder der späteren Schweiz existierten nicht.

VOM MYTHOS DER SAISONALEN KÜCHE

Wenn von einer gesunden Schweizer Küche geredet wird, kommt «saisonal» so sicher wie das Amen in der Kirche. Obst und Beeren, Gemüse und Salate nach dem Saisonkalender einzukaufen und zu essen, ist eine schöne Vorstellung. Leider war das nie praktikabel und wird es auch nie sein. Dann, wenn die Produkte anfallen, sind wir von den Mengen schlicht überfordert. Einmachen und Haltbarmachen sind die Zauberwörter, die im Privathaushalt wie in der Nahrungsmittelindustrie in die Tat umgesetzt werden. Auf diese Weise sind alle Gaben der Natur das ganze Jahr über verfügbar. Erst die Haltbarmachung ermöglichte eine ausgewogene Ernährung. Allerdings ruft es die 2000-Watt-Bürger auf den Plan, wenn Spinat oder Erbsen sofort nach der Ernte schockgefroren werden. Darüber wollen wir uns nicht streiten, denn vom gesundheitlichen Mehrwert gibt es nichts gegen tiefgekühlte Frischprodukte einzuwenden. Wer die besten sonnengereiften Tomaten aus Italien geniessen will, kauft am besten verarbeitete Produkte. Sie schmecken um ein Vielfaches besser als die heute frisch erhältlichen Hors-sol-Tomaten. Diese Pflanzen wachsen nicht in der Erde, sondern in einer Nährlösung und die Früchte schmecken wie Plastik. Die Holländer mögen gute Kapitäne und Entdecker hervorgebracht haben, in der Produktion von Lebensmitteln sind sie Barbaren.

MÄNNER UND FRAUEN IN DIE KÜCHE!

Kochen ist auch Heimat. Produkte von hier mit wenig Aufwand in eine kleine Mahlzeit zu verwandeln, macht glücklich. Es schmeckt besser, duftet besser, riecht besser und ist gesünder als das Essen vom Imbissstand. Weigert euch, diese Zumutung zu akzeptieren. Wenn die Kunden ausbleiben, besinnt sich vielleicht das eine oder andere Unternehmen und richtet eine Strassenküche nach asiatischem Vorbild ein. Dann, ja dann werde ich auch hin und wieder etwas Kleines auf dem Trottoir essen.

Alfred Haefeli

SUPPEN

Süsskartoffelsuppe

FAST VERGESSENE GEMÜSE SIND IM TREND

Gemüse und Früchte sind gesund. Schöner, grösser und makellos müssen sie sein, sonst lässt die Kundschaft sie links liegen. Doch es gibt eine gegenläufige Bewegung, die mittlerweile nicht nur an den Wochenmärkten, sondern auch von Grossverteilern gepflegt wird. Die Süsskartoffel ist eine Migrantin wie die Tomate, die Kartoffel und andere aus Südamerika importierte Genüsse. In der Küche wird die Batate, wie sie auch genannt wird, anstelle der Kartoffel eingesetzt. Sie schmeckt gebacken, gebraten, gratiniert, frittiert, püriert. Das süssliche, leicht nach Karamell schmeckende «Fleisch» kann zudem für Desserts und Salate verwendet werden. Besonders aromatisch sollen die rotfleischigen Sorten sein. Kein Wunder, dass dieses vielseitige «Retro-Gemüse» nicht nur von Nostalgikern geschätzt wird, sondern sogar von Spitzenköchen.

500 g rotfleischige Süsskartoffeln – 6 dl Wasser – ½ TL frisch geriebene Ingwerwurzel – ½ TL Korianderpulver – je 1 Prise Kardamom- und Chilipulver – Salz – 1 dl Schlagrahm – wenig Liebstöckel, nach Belieben

1 Süsskartoffeln schälen und zerkleinern, mit dem Wasser aufkochen und bei schwacher Hitze köcheln lassen, bis die Süsskartoffeln weich sind. Pürieren.

2 Süsskartoffelsuppe mit den Gewürzen aufkochen, nach Belieben mit Salz abschmecken. In vorgewärmten Tellern anrichten. Mit Schlagrahm und nach Belieben mit Liebstöckel garnieren.

Süsskartoffel

EXOTISCHE KNOLLE MISCHT DIE KÜCHE AUF

Christoph Kolumbus brachte die Süsskartoffel zusammen mit vielen anderen botanischen Schätzen nach Europa. In Spanien und Portugal gedeiht sie ganz ausgezeichnet. Auch in der Schweiz sind die Anbauversuche erfolgreich. Die rosafarbene Erdknolle liebt tropisches und subtropisches Klima. Auch ihr Name täuscht: Sie ist keine Kartoffel, sondern gehört zur Familie der Windengewächse. Ihr kulinarischer und gesundheitlicher Wert ist immens: Sie ist das nährstoffreichste Gemüse, und mit ihren Vitalstoffen gilt sie als reinste Naturapotheke. Der regelmässige Genuss soll sich positiv auf Diabetes, Blutdruck- und Cholesterinwerte auswirken. Selbst aphrodisierende Kräfte werden ihr zugeschrieben. Wie auch immer, die Batate ist eine echte Bereicherung für die Küche. Selbst die Blätter könnten zu spinatähnlichen Gerichten verarbeitet werden.

Bündner Gerstensuppe

SO VIELE REZEPTE, WIE ES IN GRAUBÜNDEN TÄLER GIBT

Die Bündner Gerstensuppe ersetzt eine ganze Mahlzeit. Neben Rollgerste gehören auch Gemüse und getrocknetes Fleisch dazu. Doch Gerstensuppe ist nicht Gerstensuppe: Die Rezepte dieses Klassikers aus der Bündner Bauernküche sind so variantenreich wie der schöne Bergkanton mit seinen 150 Tälern. Die Frage, warum im Bündnerland ausgerechnet die Gerste einen prominenten Platz in der Bauernküche einnimmt, ist rasch geklärt: Gerste als eine der ältesten Getreidearten weltweit wird hier seit der Bronzezeit angepflanzt. Im Gegensatz zu anderen Getreidearten oder den Kartoffeln gibt sich dieses Süssgras auch mit kargem Boden und eher rauem Klima zufrieden. Darum, und weil seine Körner eine kurze Reifezeit haben, ist es auch für den Anbau in höheren Lagen tauglich.

1 EL Butter – 1 kleine Zwiebel – 100 g gemischtes Gemüse: Lauch, Karotte, Knollensellerie – je 20 g Rohschinken und Bündnerfleisch – 100 g Rollgerste – 1,6 l Gemüsebouillon – Salz – frisch gemahlener Pfeffer – frisch geriebene Muskatnuss – 1½ dl Rahm – 1½ dl Schlagrahm – 1 Bund Schnittlauch, fein geschnitten

1 Gemüse, Rohschinken und Bündnerfleisch in Würfelchen (Brunoise) schneiden.
2 Gemüse, Fleisch und Rollgerste in der Butter andünsten, mit der Gemüsebouillon auffüllen, aufkochen. Bündner Gerstensuppe bei schwacher Hitze 1 Stunde köcheln lassen. Je nach Konsistenz mit Wasser verdünnen. Rahm unterrühren, einige Minuten köcheln lassen. Suppe würzen. Schlagrahm unterziehen. Anrichten. Mit Schnittlauch garnieren.

Morga Gemüsebouillon

Gemüsebouillon gehört, wie Salz und Pfeffer, in jede «schnelle» Küche. Seit Generationen wird dieses praktische Würzmittel, welches es in Würfelform, als Paste oder Instant-Granulat gibt, mit dem Namen «Morga» verbunden. Das Credo des modernen Toggenburger Familienunternehmens, die Erkenntnisse der Ernährungswissenschaft mit grösstmöglicher Naturbelassenheit und höchster Qualität zu vereinen, kommt auch in dieser Sparte voll zum Tragen. In den Varianten «konventionell», «Classic» oder «Bio» verleiht die Morga Gemüsebouillon den Speisen ein angenehmes, ausgewogenes Aroma. Ob für Suppen, Gemüse, Teigwaren oder Reis, das ergiebige, aus hochwertigen, rein pflanzlichen Rohstoffen hergestellte Produkt perfektioniert den Essgenuss.
www.morga.ch

Weinsuppe

EINE EINLEUCHTENDE ERKLÄRUNG

«Jeder hat den Brei (oder die Suppe) selber auszulöffeln.» Dieses geflügelte Wort stammt aus der Zeit, als sich die einfachen Leute in der Schweiz vorwiegend von Suppe oder Brei aus Hafer und Hirse ernährten, die mit Wildkräutern, Feldfrüchten – und an Feiertagen vielleicht auch mit einem Stück Fleisch – angereichert wurden. Angesetzt wurde beides mit Flüssigkeiten wie Wasser oder Milch. Aus Gegenden, wo Reben angepflanzt wurden, kennt man auch Rezepte für Weinsuppen, die sich Zünfter und andere Honorationen bei ihren noblen Gelagen gern zu Gemüte führten. Noch heute gehört dieser Auftakt in deftiger oder exquisiter Auflage zu den besonderen Genüssen.

40g Butter – 2 Schalotten, fein gewürfelt – 1 kleiner Lauch, nur weisse Teile, in Ringen – 30g Risottoreis – 2dl Riesling x Sylvaner – 3dl Geflügelbouillon – 10g Hefe – 1½dl Rahm – Salz – frisch gemahlener Pfeffer – Muskatnuss – 16 weisse Traubenbeeren, geschält, halbiert, entkernt – Kerbel

1 Schalotten und Lauch in der Butter andünsten, Reis mitdünsten, mit Weisswein und Geflügelbouillon ablöschen, aufkochen, Hefe zugeben, die Suppe bei schwacher Hitze 40 Minuten köcheln lassen. Suppe mit Stabmixer aufmixen, durch ein Haarsieb passieren, die Hälfte des Rahms zugeben. Weinsuppe mit Salz, Pfeffer und Muskatnuss abschmecken, restlichen Rahm zugeben. Suppe mit Stabmixer schaumig aufmixen. Nochmals abschmecken.

2 Weinsuppe in vorgewärmten Suppentellern anrichten, Trauben zugeben, mit Kerbel garnieren.

Hartmann Weine

EIN SÜFFIGES RÖMISCHES ERBE

Bereits zu Beginn der christlichen Zeitrechnung pflanzten die Römer in der Nähe des Legionslagers Vindonissa Reben an. Seither werden an geschützten Lagen am Jura-Südfuss Reben gepflegt und Weine hergestellt. In den letzten Jahrzehnten hat die Qualität einheimischer Weine einen grossen Quantensprung gemacht. Daran sind Weinbauern und Önologen wie Bruno Hartmann vom alteingesessenen Remiger Weinbaubetrieb beteiligt. Sie betreiben ihr Metier mit Herzblut und bringen Spitzenweine hervor. Neben Spezialitäten mit dem Vinatura-Label betreut er zusammen mit den Winzerkollegen Peter Zimmermann, Schebi Baumann und Heinz Simmen auch einen der vier Römer-Rebberge, die 2010 nach antikem Vorbild neu angelegt wurden.
www.weinbau-hartmann.ch

Süssscharfe Birnensenfsuppe

GEBEN SIE IHREN SENF DAZU

Beim Thema Senf geht es meistens um die Wurst. Doch Senf – von mild und süss bis extra-scharf – kann man fast überall nach Belieben dazugeben, sei es zu Salat- oder unzähligen anderen Saucen, Kartoffelstock oder Suppen. Palladius, dem die Nachwelt das erste überlieferte Senfrezept verdankt, vermischte zerstossene Senfkörner mit Olivenöl, Essig und Honig. Ganz besonders die mit zusätzlichen Gewürzen oder Früchten hergestellten Senfvariationen eröffnen ganz neue kulinarische Möglichkeiten und verleihen vielen Gerichten das gewisse Etwas. Spitzenköche und Hausfrauen peppen ihr kulinarisches Spektrum mit eigenen Senfkreationen auf. Für Eilige gibt es inzwischen auch unzählige kommerziell hergestellte Senfprodukte in den Verkaufsregalen.

50 g Butter – 1 mittelgrosser Lauch – 40 g Dinkelweissmehl – 1 l Gemüsebouillon – 250 g Crème fraîche – 100 g Birnensenf – Salz – 1 Spritzer Tabascosauce – Blütenhonig

1 Grobfasrige Teile beim Lauch entfernen, Stange in sehr feine Ringe schneiden.

2 Butter in einer Pfanne bei schwacher Hitze erwärmen, Lauch darin andünsten, mit Mehl bestäuben, mit Gemüsebouillon ablöschen, unter Rühren aufkochen, Suppe bei schwacher Hitze 10 Minuten köcheln lassen. Crème fraîche und Birnensenf unterrühren, mit Salz, Tabascosauce und Blütenhonig süsspikant abschmecken.

Birnensenf

SENF-SELECTION VON BIOFARM

Im Gegensatz zu anderen Gewürzen war der bereits in der Antike bekannte Senf immer sehr preiswert und auf der ganzen Welt verbreitet. Am Grundrezept hat sich in den vergangenen Jahrtausenden wenig geändert. Doch bei vielen Produkten entspricht die Qualität nicht immer dem schönen Etikett, ganz besonders bei sogenannten Delikatess-Senfen. Bei der Biofarm Senf-Selection jedoch kann man sich hundertprozentig darauf verlassen, dass die Zutaten echt und auserlesen sind und von Schweizer Bio-Bauern angebaut werden. Der fruchtige Birnensenf beispielsweise enthält Apfelessig, Birnensaftkonzentrat, Senfsamen – eine würzig-milde Delikatesse, die zu vielem passt und zu der nichts mehr hinzuzufügen ist.
www.biofarm.ch

Tomatensuppe mit Kräutern

PARADIESÄPFEL IN FLÜSSIGER FORM

Solche «Neophyten» lassen wir uns gern gefallen: Die von Kolumbus mitgebrachte Tomate wird als Gemüse gehandelt. Dabei ist die rote Frucht eine Beere. Es war wohl eine italienische Nonna, die in einen der bis ins 18. Jahrhundert vorwiegend als Zierfrucht gehaltenen Paradiesapfel biss. Es blieb nicht beim einen Biss, sonst gäbe es weder die klassische Tomatensauce zu den Spaghetti noch all die anderen Tomatenrezepte, von denen hier eine besonders leckere flüssige Form vorgestellt wird. Das Nachtschattengewächs ist ein Sonnenkind, und die Wärme lässt das Aroma der alten, geschmacksintensiven Sorten explodieren. Ein richtiges Powerpaket von grossem gesundheitlichem Nutzen ist auch die oft als verwelkte Dekoration eingesetzte Petersilie. Sie helfe jedem «Mann aufs Pferd», behauptet der Volksmund.

2 EL Öl – 1 mittelgrosse Zwiebel, klein gewürfelt – 1 kleine Knoblauchzehe, klein gewürfelt – 4 EL Tomatenmark/-püree – 500 g reife Tomaten – reichlich Petersilie, entstielt, grob gehackt – 4 dl Gemüsebouillon – Salz – frisch gemahlener Pfeffer

1 Bei den Tomaten den Stielansatz ausstechen, Tomaten würfeln.

2 Zwiebeln im Öl andünsten, Knoblauch und Tomatenmark mitdünsten, Tomaten und Kräuter beifügen, mit der Gemüsebouillon ablöschen, 10 bis 15 Minuten köcheln lassen. Mit dem Stabmixer fein pürieren. Nach Belieben durch ein feines Sieb streichen, um die Häutchen zu entfernen. Nochmals erhitzen, mit Salz und Pfeffer abschmecken.

Tomatenpüree

KONZENTRIERTE SONNENKRAFT

Mit vielen frischen, sonnengereiften Tomaten aus dem Garten schmeckt diese Suppe selbstverständlich am besten. Da Tomaten zu den stark wasserhaltigen Gemüsen gehören, gibt man am besten etwas Tomatenpüree dazu. Dieses Konzentrat eignet sich auch ausgezeichnet, um Saucen oder Eintöpfe anzudicken. Es macht die Farbe intensiver und wertet das Aroma geschmacklich auf. Reife Tomaten sind eine richtige Hausapotheke und randvoll mit wertvollen Inhaltsstoffen. Sie enthalten Vitamine und Mineralien, vor allem aber Lycopin, das zu den Krebskillern gehören soll. Erst recht, wenn sie von Bio-Betrieben stammen. Unterdessen ist die Sortenvielfalt bei den frischen Bio-Tomaten gewachsen, es gibt auch viele alte, aromatische Sorten. Tomatenpüree ist ebenfalls in Bio-Qualität erhältlich.

Emmentaler Käsesuppe

AROMATISCHER FLEISCHERSATZ

In einem Land, wo Milch und Rahm «fliessen», liegt es auf der Hand, dass die vorhandenen Nahrungsmittel kombiniert und zu währschaften Gerichten verarbeitet werden. Das ist bereits in Jeremias Gotthelfs Emmentaler-Romanen nachzulesen. Der Stammbaum des Emmentalers AOP jedoch reicht bis ins 13. Jahrhundert zurück. Es ist anzunehmen, dass schon damals «Chässoppe» aufgetischt wurde. Es heisst gar, sie sei ein Vorläufer des Fondues gewesen. Jedenfalls gehört sie zu den althergebrachten Gerichten, die man in unzähligen Varianten und mit verschiedensten Zutaten kennt. Und weil Käse viel Eiweiss und Kalzium enthält, kann man bei einer solchen Mahlzeit gut und gern auf Fleisch verzichten.

6 dl Wasser – 2 dl Weisswein – 50 g Zwiebeln, klein gewürfelt – 10 g Knoblauch, klein gewürfelt – 10 g Hühnerbouillonpaste – 100 g extrareifer Emmentaler AOP – 100 g reifer Gruyère AOP – 20 g Maisstärke – wenig frisch geriebene Muskatnuss – frisch gemahlener Pfeffer – 2 dl Schlagrahm – wenig gehackte Petersilie

1 Wasser, Weisswein, Zwiebeln, Knoblauch und Hühnerbouillonpaste aufkochen, etwa 5 Minuten köcheln lassen.

2 Emmentaler und Gruyère auf der Röstiraffel reiben, mit der Maisstärke mischen, unter die kochende Suppe rühren, aufkochen. Suppe mit Muskat und Pfeffer abschmecken, Schlagrahm unterziehen. Anrichten. Mit der Petersilie garnieren. Sofort servieren.

Emmentaler AOP

Der Emmentaler AOP gilt als König unter den Käsesorten. Nicht nur, weil er mit bis zu 140 Kilogramm Gewicht der grösste, sondern auch, weil er der weltbeste Käse ist. Das aus frischer Rohmilch hergestellte Produkt wird in rund 140 Dorfkäsereien zwischen dem Bernbiet und der Ostschweiz hergestellt. Nachahmer gibt es auf der ganzen Welt. Doch vieles, was als «Emmentaler» verkauft wird, hat nicht viel mit dem Original gemeinsam. Der echte Emmentaler AOP aber bleibt unerreicht, wie sich am World Championship Cheese Contest 2017 in den USA einmal mehr zeigte. Es gibt ihn in verschiedenen Reifegraden. Sein Aroma reicht von nussig-mild bis ausgeprägt-würzig, und die «Tränen» oder Salzkristalle in den runden, sortentypischen Löchern sind ein Zeichen höchster Güte.

Appenzeller Biersuppe

VERMÄHLUNG ZWEIER ECHTER APPENZELLER

Was entsteht aus der Verbindung einer kühlen Blonden und einem rassigen Bergler aus dem Säntisgebiet? Richtig geraten: eine rezente Biersuppe mit Käse – beide mit Appenzeller Heimatschein. Die meisten trinken das Bier – schön gekühlt – am liebsten aus der Flasche oder aus dem Glas. Doch Bier ist nicht nur zum Trinken da. Wird der Hopfensaft als Kochflüssigkeit eingesetzt, betont er trotz seines ausgeprägten Geschmacks die Aromen der einzelnen Zutaten. Biersuppe war im deutschen Sprachraum schon im 19. Jahrhundert ein Klassiker und wurde bereits zum Frühstück aufgetischt. Zusammen mit Appenzeller® Käse ist sie noch heute eine nahrhafte Spezialität aus der Hausmannsküche.

20 g Butter – 25 g Mehl – 3 dl helles Bier – ½ l Gemüsebouillon – 1 TL Zitronensaft – 2 dl Rahm – Salz – frisch gemahlener Pfeffer – einige junge Meerrettich- oder Spinatblätter, fein geschnitten – 1–2 fein geschnittene Hopfendolden (-zapfen), nach Belieben – wenig Butter – 100 g Appenzeller Käse, klein gewürfelt – 2 Toastbrotscheiben, gewürfelt

1 Toastbrotwürfelchen in der Butter goldgelb braten.

2 Für die Suppe Mehl in der Butter andünsten, mit Bier ablöschen und mit Gemüsebouillon auffüllen, unter Rühren aufkochen, 5 Minuten köcheln lassen. Zitronensaft unterrühren. Rahm unterrühren, nochmals unter dem Kochpunkt erhitzen, mit Salz und Pfeffer würzen.

3 Käse auf die vorgewärmten Suppenschalen/-teller verteilen. Biersuppe dazugeben, mit Meerrettich und Hopfendolden garnieren. Brotwürfelchen separat servieren.

HOPFENDOLDEN (-ZAPFEN) geben der Suppe einen bitter-herben Geschmack.

Appenzeller® Käse und Bier

BIER UND KÄSE BEREICHERN JEDE KÜCHE

Bier dürfte schon vor Jahrtausenden gebraut worden sein; der älteste schriftliche Hinweis stammt aus dem Jahr 766 und erwähnt eine Bierlieferung an das Kloster St. Gallen. 1886 wurde die Bierbrauerei Locher gegründet. Sie gehört zu den ältesten noch existierenden Brauereien der Schweiz. Mit ihren innovativen Produkten machte sie die Marke «Appenzeller Bier» in der ganzen Schweiz bekannt.

Auch die Käseherstellung geht in graue Vorzeiten zurück. Schon die Römer liebten den «Caseus Helveticus». Seit dem 13. Jahrhundert wird im Appenzellerland Käse hergestellt. Doch der Weg von jenem «Appenzeller» bis zum geschützten Markenprodukt und dem Kult um die Kräutersulz war lang. Das Geheimnis wurde nie gelüftet. Trotzdem schwärmt sogar Uwe Ochsenknecht vom «rässe Appezöller Chäs».

www.appenzeller.ch / www.appenzellerbier.ch

Minestrone

DIE BUNTESTE SUPPE

Eine richtige Minestrone ist so reichhaltig, dass der Löffel im Suppentopf stehen bleibt. Im Tessin hat sie eine lange Tradition, «erfunden» wurde sie von den Italienern. Doch auch diese wissen nicht genau, wo die Geburtsstätte dieser wohl bekanntesten Restenverwertung liegt. Wie viele andere Gerichte, die nicht mehr aus unserem helvetischen Speisezettel wegzudenken sind, haben uns die «amici» aus dem Süden die bunteste aller Suppen dieser Welt mitgebracht. In Norditalien und im Tessin werden Karotten, Kartoffeln, Zwiebeln, Fenchel und Sellerie als Grundlage verwendet. Die weiteren Zutaten reichen von Bohnen, Linsen, Reis, Teigwaren bis zum Speck und vielem mehr. Damit hat die Minestrone den Weg vom Armeleute-Essen zum wohl bekanntesten Eintopfgericht geschafft.

1,2 kg Gemüse: Blumenkohl, Brokkoli, Zucchino, Karotte, Lauch, Stangensellerie, grüne Bohnen, Knollensellerie – 200 g grosse weisse Bohnen – 1½ l Gemüsebouillon – 1 Lorbeerblatt – Salz – frisch gemahlener Pfeffer – Olivenöl, zum Beträufeln – fein gehackte Petersilie, nach Belieben

1 Weisse Bohnen über Nacht in reichlich Wasser einweichen. Einweichwasser weggiessen. Bohnen in viel frischem Wasser aufkochen und bei schwacher Hitze weich garen; das dauert etwa 45 Minuten. Schaum abschöpfen.

2 Gemüse putzen/schälen und in mundgerechte Stücke schneiden.

3 Gemüse, weisse Bohnen, Gemüsebouillon und Lorbeerblatt aufkochen, Suppe bei schwacher Hitze rund 30 Minuten köcheln lassen. Mit Salz und Pfeffer würzen. Minestrone anrichten. Mit Olivenöl beträufeln. Petersilie darüberstreuen.

VARIANTEN Minestrone mit Kartoffeln und/oder Nudeln/Teigwaren anreichern.

Hülsenfrüchte von Morga

Vor der Globalisierung waren Gerichte aus getrockneten Hülsenfrüchten ein Hauptbestandteil des Speisezettels. Sie konnten gut aufbewahrt werden und waren günstig. Zusammen mit Lagergemüse bilden sie eine gute Kombination, denn kaum ein anderes Nahrungsmittel enthält so viel wertvolles pflanzliches Eiweiss, Mineralstoffe, Vitamine und Ballaststoffe. Sensibilisiert für eine hochwertige vegetarische Ernährung nahm die 1930 gegründete Toggenburger Firma Morga AG schon sehr früh Hülsenfrüchte aus aller Welt in ihr Sortiment auf. Und auch hier kommt das Credo des modernen Familienunternehmens zum Tragen, die Erkenntnisse der Ernährungswissenschaft mit grösstmöglicher Naturbelassenheit und höchster Qualität zu vereinigen.
www.morga.ch

Rustikale Sauerkrautsuppe

SAUER MACHT LUSTIG UND SCHLANK

Regelmässig nach Weihnachten, wenn dem Magen zu viel Guetzli und andere Süssigkeiten zugemutet worden sind, kommt diese unbändige Lust auf Saures. Dann ist Sauerkrautsuppe angesagt, allerdings in der Light-Version. Mit ihren Nahrungsfasern hilft sie, die Verdauung anzukurbeln und Kalorien zu kompensieren. Gerade im Winter, wenn der einheimische Markt nur noch Lagergemüse und Obst bereitstellen kann, ist der Wert des gehobelten, durch Milchsäuregärung haltbar gemachten Weisskabis hoch zu schätzen: 200 Gramm Sauerkraut decken fast die Hälfte des täglichen Vitamin-C-Bedarfs. Gewürze wie Kümmel und Wacholderbeeren mildern die blähende Wirkung. Darum sollte man sich nicht vom Genuss des Wonnekrauts abhalten lassen.

2 EL Butter – 50 g Zwiebeln, klein gewürfelt – 1 kleine Knoblauchzehe – 200 g festkochende Kartoffeln, klein gewürfelt – 300 g rohes Sauerkraut – 1 EL edelsüsses Paprikapulver – 1 dl Weisswein – 1 l Gemüsebouillon – Kräutermeersalz – weisser Pfeffer – **Wacholdertoast** 12 Baguettescheiben – 50 g weiche Butter – 1 EL milder Senf – 8 zerdrückte Wacholderbeeren

1 Zwiebeln und durchgepressten Knoblauch in der Butter andünsten, Kartoffeln mitdünsten, Sauerkraut mitdünsten, mit Paprika bestäuben, mit Weisswein ablöschen und mit Gemüsebouillon auffüllen, aufkochen. Sauerkrautsuppe 20 bis 30 Minuten köcheln lassen. Würzen.

2 Baguettescheiben mit Butter und Senf bestreichen, zerdrückte Wacholderbeeren darüberstreuen. Im vorgeheizten Ofen bei starker Oberhitze kurz überbacken.

3 Suppe anrichten, Wacholdertoast separat servieren.

Sauerkraut

DIE MODERNSTE SAUERKRAUTFABRIK

Wissen Sie, wo das «Chabisland» liegt? Im bernischen Gürbetal werden rund fünfzig Prozent der für die einheimische Sauerkrautproduktion benötigten Kabisköpfe angepflanzt. Umso erstaunlicher, dass Schöni, die grösste Sauerkrautherstellerin, seit bald hundert Jahren im Mittelland angesiedelt ist. In der modernsten Sauerkrautfabrik der Schweiz wird milchsaures Kraut konventionell oder in Bio-Qualität und in vielen Variationen hergestellt: roh, gekocht, küchen- oder fixfertig, als Salat, mit Zwiebeln, mit Wein, mit Speckwürfelchen nach Berner Art oder mit Sauerrüben vermischt. Ganz gleich, welche Schöni-Rezeptur man bevorzugt, alle zeichnen sich durch einen ausserordentlich milden Geschmack aus, den man pur geniesst oder mit Beilagen vielfältig variieren kann.
www.schoeni-swissfresh.ch

VORSPEISEN & KLEINE MAHLZEITEN

Cervelat-Käse-Salat

VOM «ARBEITER-CORDON-BLEU» BIS ZUM «WALDFEST»

Die heute aus feinstem Brät bestehende Brühwurst gilt als Vorläufer der Fast-Food-Produkte. Ob sie männlich oder weiblich ist, darüber streiten sich die Geister. Laut Duden ist die maskuline Form korrekt. Man kann den Cervelat kalt essen, in der Pfanne braten oder grillieren. Die kurze, dicke Wurst im dünnen Rinderdarm schmeckt als Arbeiter-Cordon-bleu genauso gut wie als bodenständige Abwandlung des Gulaschs. Als delikater Wurstsalat punktet er selbst bei der Cervelat-Prominenz. Nach ihren Lieblingsprodukten befragt, verraten im Ausland tätige Spitzenköche oft, dass ihnen persönlich nichts über ein gutes «Waldfest» (mit Brot und Senf) oder einen Wurstsalat gehe. Im Gegensatz zu Käse und Schokolade ist der Cervelat als typisches Schweizer Produkt im Ausland nämlich kaum erhältlich.

4 Cervelats – 1 grosse Zwiebel, klein gewürfelt – 100 g Emmentaler Käse – 2–3 Essiggurken – 1 Fleischtomate – **Sauce** 2 EL Obstessig – 1 EL Senf – 3 EL Rapsöl – Salz – frisch gemahlener Pfeffer

1 Cervelats häuten, längs halbieren und in feine Scheiben schneiden. Emmentaler Käse in Stäbchen schneiden. Essiggurken längs halbieren oder vierteln und in feine Scheiben schneiden. Bei der Tomate den Stielansatz ausstechen, Tomate in Würfelchen schneiden.

2 Alle Zutaten mit der Sauce mischen.

Cervelat

DIE SCHWEIZER KULTWURST

Der Cervelat gehört längst zum Schweizer Kulturgut. Fest im Biss, mit mild-rauchigem Aroma schmeckt die populärste Schweizer Wurst dem Banker genauso wie dem Büezer. Den «zerwùlawirstlach» gabs schon im 16. Jahrhundert – von den Zutaten her eine echte Luxuswurst. Erst mit der Erfindung des Fleischwolfs im 19. Jahrhundert und einer veränderten Zusammensetzung (Rindfleisch und Speck) wurde der Cervelat zum billigen Massenprodukt. Für die 1890 gegründete Berner Grossmetzgerei Meinen (sie gehört heute zur Lüthi & Portmann Fleischwaren AG) ist die Wursterei ein wichtiges Standbein. Hohes Traditionsbewusstsein, die Liebe zum Metzgerhandwerk und althergebrachte Familienrezepte machen die aus qualitativ hochwertigen Rohstoffen hergestellten Produkte zu einem vertrauenswürdigen kulinarischen Wert.
www.meinen-bern.ch

St. Galler Kalbsbratwurst mit Apfel-Zwiebel-Sauce

OLMA-, KINDERFEST- UND VOLKSBRATWURST

Keine Olma ohne St. Galler Kalbsbratwurst vom Grill. Auf beiden Seiten schön braun soll sie sein und knacken, wenn man hineinbeisst. «Unvergleichlich im Geschmack, feiner im Brät und abgerundeter im Aroma als alle anderen», lautet der Kommentar von Kennern. Zusammen mit einem Brötchen ist sie die ultimative, völkerverbindende Fest-Verpflegung. Doch Olma ist nur im Herbst. Bratwürste dagegen schmecken immer. Kein Problem, die St. Galler Bratwürste werden das ganze Jahr über hergestellt und sind in der ganzen Schweiz erhältlich. Wenn die Grill-Saison zu Ende ist, geniessen wir sie halt wieder nach klassischer Art in der Pfanne gebraten. Dazu gehört eine deftige Zwiebelsauce. Durch die Beigabe eines säuerlichen Apfels erhält diese eine ausgewogene Balance.

Öl – 4 St. Galler Kalbsbratwürste – **Sauce** 2 EL Öl – 250 g rote Zwiebeln – 1 grosser, säuerlicher Apfel, z. B. Boskop – 30 g grobkörniger Senf – 2–3 EL heller Honig – Salz – frisch gemahlener Pfeffer

1 Zwiebeln schälen und in Achtel schneiden. Apfel schälen, vierteln, entkernen und in Schnitze schneiden.

2 Zwiebeln im Öl andünsten, ohne dass sie braun werden, Apfelschnitzchen mitdünsten, Senf und Honig unterrühren, zugedeckt weich dünsten, würzen.

3 Bratwürste in einer Bratpfanne in wenig Öl braten. Mit der Apfel-Zwiebel-Sauce anrichten.

Bratwurst

ES IST NICHT WURST, WAS IN DER WURST IST

Nicht jedes weisse Brät, das in dünne Schweinsdärme gefüllt wurde, darf sich nach dem Brühen eine echte St.Galler Kalbsbratwurst nennen. Wer auf sicher gehen will, achtet auf die Herkunft. Die St.Galler Kalbsbratwurst, die St.Galler Bratwurst und die St.Galler Olma-Bratwurst sind seit 2008 mit geschützten geographischen Angaben (GGA) eingetragen und führen das IGP-Label im Namen (Indication géographique protégée). Zu den Spitzenreitern bei Qualitätstests und Degustationen gehört die St.Galler Metzgerei Schmid. Die Rohstoffe – vom Kalb- und Schweinefleisch bis zur Milch – stammen aus der Region und werden nach altem Rezept und in handwerklicher Manier sorgfältig zu den besten echten St.Galler Brühwürsten verarbeitet.
www.metzgereischmid.ch

Hirsekugeln mit buntem Blattsalat

FINGERFOOD ODER BEILAGE

Hirse gehört zu den ältesten und mineralstoffreichsten Getreiden. Um ins märchenhafte Schlaraffenland zu kommen, musste man sich angeblich durch einen «Berg mit Hirssbrey» essen. Das kleinfrüchtige Spelzgetreide prägte die europäische Breikultur bis ins 19. Jahrhundert, wurde dann aber von Kartoffeln und ertragreicheren Getreidearten verdrängt. Heute besinnt man sich wieder auf die wertvolle Goldhirse. Sie bringt viel Abwechslung in die Küche, auch wenn man nicht spezifisch auf glutenfreie Ernährung achten muss. Zubereitet als modernes, lang sättigendes Fingerfood begeistert sie sogar Sportler und junge Leute.

2 EL High-Oleic-Sonnenblumenöl – 1 mittelgrosse Zwiebel, klein gewürfelt – 1 Knoblauchzehe, klein gewürfelt – 240 g Hirsegriess – 2 EL fein gehackte Kräuter: Thymian, Rosmarin, Majoran – je 3 dl Weisswein und Gemüsebouillon – 1 Bio-Zitrone, abgeriebene Schale – Kräutermeersalz – frisch gemahlener Pfeffer – 2 EL fein gehackte Cashewnüsse – High-Oleic-Sonnenblumenöl, zum Braten

1 Zwiebeln und Knoblauch im Öl andünsten, Hirse mitdünsten, mit Kräutern würzen und mit Weisswein und Gemüsebouillon ablöschen, unter Rühren aufkochen, etwa 5 Minuten köcheln lassen, zugedeckt ausquellen lassen. Würzen. Cashewnüsse unterrühren.
2 Aus der Hirsemasse kleine Kugeln formen, im Öl braten.
3 Hirsekugeln mit dem Blattsalat anrichten.

Hirse

HIRSEBREIFAHRT

Die Geschichte der ersten «Hirsebreifahrt» ist legendär: 1456 nahmen die Zürcher an einem Schützenfest in Strassburg teil. Auf dem Flussweg brauchte man drei Tage bis ins Elsass. Die Zürcher Schützen jedoch ruderten frühmorgens los. Noch bevor es Nacht geworden war, offerierten sie ihren Strassburger Freunden vom warmen Hirsebrei, den sie in einem grossen, mit Stroh und Lumpen isolierten Topf mitgebracht hatten. Angebaut wird die Hirse heute vorwiegend in tropischen und subtropischen Gebieten. Seit einigen Jahren wird der Hirseanbau auch in der Schweiz wieder gefördert. Im Jahr 2016 wurden hierzulande 160 Tonnen Rohhirse produziert, die von der Biofarm als Bio-Goldhirse in Knospe-Qualität verkauft wurde.
www.biofarm.ch

Müslichüechli

EIN HISTORISCHES FINGERFOOD

Im Fett Gebackenes gehört seit Jahrhunderten zu jedem Festessen. Doch solche waren bei uns selten. Dafür gab es, vor allem im Herbst, manchmal sogar unter der Woche Müsli- und Apfelchüechli – sehr zur Freude von uns Kindern. Mit der länglichen Form und dem dünnen Blattstiel sehen sie tatsächlich wie «Müsli» aus. Die aromatischen Blätter in der Teighülle eignen sich als Apérogebäck; sie machen sich gut zu Fleisch- oder Fischgerichten und mit Zimtzucker bestreut, kann man sie sogar zum Kaffee geniessen. In der Regel tut's Wasser als Flüssigkeit für den Teig. Doch es gibt Argumente, die für Bier sprechen: Bier und Salbei haben Aromen, die sich wunderbar ergänzen. Zudem wirkt die Kohlensäure im Gerstensaft als natürliches Treibmittel. Darum werden die bodenständigen Ausbackteige mit Bier luftig-locker und sind gut verträglich.

reichlich erntefrische Salbeiblätter – **Ausbackteig** 1½ dl helles Bier – 1 dl Milch – 1 Eigelb – ca. 150 g Weissmehl – ½ TL Backpulver – Kräutersalz – Mehl, zum Wenden – Frittieröl

1 Bier, Milch und Eigelb verrühren, Mehl und Backpulver unterrühren, Teig mit Kräutersalz abschmecken. 30 Minuten ruhen lassen.

2 Die Salbeiblätter im Mehl wenden, durch den Teig ziehen, frittieren. Rasch servieren.

Appenzeller Bier

PRODUKTE MIT VIELEN TALENTEN

Salbei ist ein Kraut, das schon im klassischen Altertum zum Würzen von fetten Speisen eingesetzt wurde. Nicht von ungefähr: Die pelzigen Blätter enthalten ätherische Öle, die den Magen stärken und die Verdauung anregen. Viel mehr noch: Er war ein heiliges Kraut und spielte in der Pflanzenmedizin eine wichtige Rolle. Rezepte für in Schmalz oder Öl gebratene Müslichüechli findet man schon im 15. Jahrhundert in schriftlicher Form. Auch Bier wurde schon damals verwendet. Ganz so weit zurück geht die Firmengeschichte der Appenzeller Brauerei Locher nicht. Doch im Gegensatz zu vielen anderen Bierbrauereien kann sie bald das 130-Jahr-Jubiläum feiern. Noch heute sind knusprige Müslichüechli und ein kühles Appenzeller Bier ein Leckerbissen, der Champagner und Kaviar allemal vorzuziehen ist.

www.appenzellerbier.ch

Haferflockenburger mit Lauch

BOCK AUF BURGER

Hamburger ohne schlechtes Gewissen geniessen? Mit diesen Haferflockenburgern kein Problem. Burger kannten wir noch nicht, weder aus Hackfleisch noch aus Haferflocken. Aber es gab «Hacktötschli», für die das Gehackte mit reichlich eingeweichten Haferflocken und feingeschnittenem Gemüse gestreckt wurde. Diese schmeckten tausendmal besser als all die genormten, fetttriefenden Hamburger. So lange es hausgemachte Fleischbällchen gab, hatten meine Kinder nie das Bedürfnis, sich in einer Burger-Bude zu verpflegen. Das Haferflockenburger-Rezept mit Lauch kann problemlos ohne Fleisch hergestellt werden, denn Hafer, das wussten schon die Altvorderen, ist ein vorzügliches Nahrungsmittel. Die wie ein Gewürz eingesetzten Speckwürfelchen geben den Burgern aber einen zusätzlichen «Zwick».

100 g Quark – 1 dl Milch – 2 Eier – 60 g geriebener Sbrinz – 120 g Haferflocken – 1 mittelgrosser Lauch, in feinen Ringen – je ½ Sträusschen Majoran und Thymian, fein gehackt – 2 EL Speckwürfelchen – Kräutermeersalz – Olivenöl oder Haselnussöl, zum Braten

1 Alle Zutaten mischen, 20 Minuten quellen lassen.

2 Haferflockenmasse mit einem Esslöffel portionieren, Burger im Öl backen.

VARIANTE Je nach Saison mit fein geriebenem Kürbis oder fein geriebenem Zucchino zubereiten.

Hafer

SÄTTIGENDER SPITZENREITER

Der Hafer ist ein europäisches Getreide, das bedeutend jünger als Gerste, Weizen und Reis ist. Erst die Pfahlbauer der Jungstein- und Bronzezeit haben die Pflanze aus der Familie der Gräser, die sich möglicherweise als Unkraut in Weizen- und Gerstenfelder eingeschmuggelt hatte, kultiviert. Hafer ist ziemlich robust und gedeiht auch auf mageren, ausgelaugten Böden, die er als Gründüngung mit Humus anreichert. Typisches Merkmal von Hafer ist der für Getreide aussergewöhnlich hohe Fettgehalt von nahezu 8 Prozent (Maisflocken enthalten durchschnittlich 0,6 Prozent, Hirseflocken 3,9 Prozent). Das im Hafer enthaltene Fett ist mit einem Anteil von rund 80 Prozent ungesättigten Fettsäuren ausgesprochen wertvoll. Es beeinflusst den Cholesterinspiegel positiv und entlastet damit Herz und Kreislauf. Hafer hält mit seinem hohen Fettanteil das Gebäck feucht.

Rindscarpaccio mit schwarzer Trüffel

WAS DEN VENEZIERN SCHMECKT, PASST AUCH DEN EIDGENOSSEN

Dieses sommerliche Gericht stammt aus Italien. Genauer gesagt, aus Venedig. Heute wird der Klassiker aus rohem Fleisch mit einer feinen Sauce oder ganz einfach mit etwas Olivenöl und Zitrone oder Balsamico serviert. Weil die Zutaten aus der Schweiz stammen, haben wir den südlichen Gaumenkitzel ohne langes Federlesen eingebürgert. Carpaccio wird in vielen Variationen serviert. Weil das Fleisch roh verarbeitet und genossen wird, ist, mehr noch als bei anderen Zubereitungsarten, darauf zu achten, dass frische, hochwertige Zutaten verwendet werden. Damit man das magere Fleisch besser in dünne Scheiben schneiden kann, wird das Filet kurz schockgefrostet. Ganz edel kommt er mit hauchdünn geschnittener Trüffel daher: ein schlaraffenlandmässiger Genuss.

240 g Rindsfilet – ½ Zitrone, Saft – 1 dl bestes Olivenöl – Meersalz – frisch gemahlener Pfeffer – eingelegte Sommertrüffel oder frische schwarze Trüffel

1 Rindsfilet in möglichst feine Scheiben schneiden, zwischen Klarsichtfolien dünn klopfen.

2 Fleischscheiben auf Teller verteilen, mit Zitronensaft und Olivenöl beträufeln. Würzen. Mit der Sommertrüffel oder frischer, fein gehobelter Trüffel bestreuen.

TIPP Mit ofenfrischem Brot servieren.

Trüffel

«SCHLARAFFENLAND» IST PROGRAMM

Trüffel gehören zu den teuersten Lebensmitteln. Die wertvollste, die weisse Alba-Trüffel, findet man bei uns nur ausnahmsweise. Aber die Burgunder-Trüffel, eine warzig-schwarze Knolle, gedeiht in weiten Teilen der Schweiz. Aus selbstgesuchten oder sorgfältig ausgewählten Edelpilzen aus Italien stellt die Emmentalerin Esther Bieri Zulauf wohlschmeckende Trüffeldelikatessen wie Butter, Öl, Senf, Salz und sogar Schokolade und Carameltäfeli her. «Schlaraffenland», der Name ihres kleinen, aber feinen KMU-Betriebs (inklusive B & B im «Schlaraffenland») ist also Programm. Im Laden in Rüderswil und im Onlineversand sind weitere kulinarische Exklusivitäten wie geröstete Pasta, weisser Tessiner Reis, Goldsalz, Kräuter- und Früchtetees und viele andere ausgewählte Spezialitäten erhältlich.
www.schlaraffenland.ch

Honigkartoffeln mit Kräutern

HOCH-SOMMER

Zur überbordenden Blütenpracht gesellen sich frische Gemüse, Kräuter und die ersten Kartoffeln. Fleissig am Werk sind auch die Nektar- und Pollensammlerinnen. Mit ihrem Summen in Blumenwiesen und Wäldern bilden sie die dezente Background-Musik für alles, was da kreucht und fleucht. Auf diese Zeit freuen sich alle Profis und Hobbyköchinnen, die «mit der Jahreszeit» kochen. Nun können sie wieder aus dem Vollen schöpfen und ihrer Kreativität freien Lauf lassen. Die Kombination von Kartoffeln und Honig mag im ersten Moment vielleicht etwas speziell anmuten. Probieren Sie es trotzdem: Das Gericht regt die Sinne an, denn es speichert die Wärme und alle Aromen des Sommers. Vielleicht dient es sogar als Inspiration für weitere nicht alltägliche Experimente.

600g kleine Frühkartoffeln – 3EL Olivenöl – frischer Thymian, Blättchen abgezupft, oder frischer Rosmarin, Nadeln abgestreift und gehackt – ca. 3EL Waldhonig – Salz – Mandarinen- oder Orangen-Olivenöl – frischer Majoran, für die Garnitur

Kartoffeln waschen, mit Schale halbieren oder vierteln, in einer Bratpfanne im Öl bei nicht zu starker Hitze etwa 20 Minuten braten, mit Salz würzen. Nach rund 10 Minuten Kräuter hinzufügen, mit Honig karamellisieren. Mit Mandarinenöl parfümieren. Mit Majoran garnieren.

SERVIERVORSCHLAG Einige gehackte Baumnüsse am Schluss 5 Minuten mitbraten.

Honig

VON DER WABE INS GLAS

Für die globale Nahrungsmittelproduktion sind Bienen und andere Insekten unentbehrlich. Rund ein Drittel aller Nahrungspflanzen wird auf diesem Weg bestäubt. Wer den Film «More than honey» gesehen hat, ist entsetzt über die Honigindustrie in gewissen Ländern und den achtlosen Umgang mit den Bienen. Ganz anders der alte Imker aus dem Oberland, der mit seinen Bienen spricht. Höchstens drei bis fünf Prozent der Bienenhalter in der Schweiz üben die Imkerei berufsmässig aus. Marco Paroni ist einer von ihnen. Er hat sich seit mehr als vierzig Jahren der Imkerei verschrieben. Als Königinnenzüchter und Bieneninspektor betreibt er sein Metier mit Herzblut, grossem Fachwissen und Verantwortung. Sein aroma- und vitalstoffreicher Blüten-, Wald- und Bergblütenhonig in Bio-Qualität ist in «Paronis Imkerhofladen» in Heimenhausen, im Onlineshop und in ausgewählten Verkaufsstellen erhältlich. www.paronihonig.ch

Tessiner Risotto

SÄMIG-CREMIG UND MIT ETWAS BISS

Risotto-Rezepte gibt es ohne Zahl. Über die Zubereitung streiten sich die Experten. «Möglichst viel rühren», empfehlen die einen. «Den Reis während des Kochprozesses ruhen lassen», sagen die anderen. Einig sind sie sich darin, dass der Reis vor der Flüssigkeitszugabe in etwas Öl angeröstet werden soll, bis es knistert. Dadurch öffnet sich der Reis, saugt das Öl auf und verklebt nicht. Risotto, eines der Nationalgerichte in Norditalien, wurde erst in der zweiten Hälfte des 19. Jahrhunderts im Tessin eingebürgert und kam vor allem in «besseren» Häusern oder bei festlichen Anlässen auf den Tisch. Ab den 1860er-Jahren wurde in Bellinzona am Aschermittwoch Risotto an die armen Leute verteilt. Dieser Karnevalsbrauch gehört heute zum Kulturgut der Tessiner Kantonshauptstadt.

2 EL Olivenöl – 1 Schalotte, klein gewürfelt – 300 g Mittelkornreis, z. B. Riso Nostrano Ticinese – 1 dl Weisswein – ca. 8 dl Gemüsebouillon – 40 g Butter – 50 g geriebener Sbrinz – Salz – frisch gemahlener Pfeffer – glattblättrige Petersilie, für die Garnitur – 50 g geriebener Sbrinz

Schalotten im Olivenöl andünsten, Reis mitdünsten, bis er glasig ist. Weisswein zugeben, einkochen lassen, Gemüsebouillon nach und nach zugeben, so dass der Reis immer knapp mit Flüssigkeit bedeckt ist, unter häufigem Rühren bei schwacher Hitze al dente kochen, etwa 20 Minuten. Butterstückchen und Sbrinz unterrühren, mit Salz und Pfeffer abschmecken. Mit Petersilie garnieren. Restlichen Sbrinz separat servieren.

Reis aus der Schweiz

Das wohl bedeutendste Reisanbaugebiet in Europa befindet sich in der Poebene. Seit 1997 gibt es auch in der Magadinoebene zwischen Locarno und Ascona Reisfelder. Diese gehören zu einem der nördlichsten Reisanbaugebiete der Welt. Der Schweizer Reis ist unter dem Namen «Riso Nostrano Ticinese» erhältlich und eignet sich ausgezeichnet für Risotto. Auf dem 150 ha grossen Hof der Terreni alla Maggia wird seit 1997 eine für die Trockenkultur geeignete Reissorte angebaut. Auf dem IP-Gut werden auch Reben und andere Lebensmittel kultiviert. Diese werden ab Hof vermarktet oder per Post an die Stammkundschaft in der ganzen Schweiz geliefert. In Ascona haben die Produzenten einen eigenen Laden.
www.terreniallamaggia.ch

Rösti

SCHNELL GESCHÄLT UND LANG GEBRATEN

In den Geschichten von Jeremias Gotthelf liest man, dass «Röschti» zum Frühstück gang und gäb war, weil sie Kraft für den ganzen Tag gab. Zubereitet ist eine Rösti schnell: Gschwellti schälen und raffeln. Hier ein paar Tricks für die absolut perfekte Rösti: Festkochende Kartoffeln am Vortag garen. Noch besser funktioniert es, wenn sie nicht ganz durchgekocht sind. Zum Braten wird heute oft Raps- oder Olivenöl verwendet. Andere schwören auf die historische Variante mit Schmalz und Butter. Wobei anzumerken ist, dass zu Gotthelfs Zeiten meistens an beidem recht gespart wurde. Gebraten wird die Rösti mindestens eine Viertelstunde. Wichtig ist, dass die Hitze zum Braten nicht zu hoch ist. Wer das einfache Kartoffelgericht richtig knusprig mag, kann am Schluss die Temperatur kurz erhöhen.

3 EL Bratbutter – 1,4 kg Gschwellti – Salz – 2 EL klein gewürfelte Zwiebeln

1 Kartoffeln schälen und auf der Röstiraffel reiben.

2 Butter erhitzen, Kartoffeln zugeben, salzen. Kartoffeln knusprig braten, drei- bis viermal rühren. Vor dem letzten Rühren die Zwiebeln zugeben, zu einem Kuchen zusammenstossen, goldgelb braten, auf eine Platte stürzen.

Kartoffel

EINE ANDEN-KÖNIGIN EROBERT DIE GANZE WELT

Im 16. Jahrhundert brachten spanische Eroberer die Wunderknolle von Südamerika nach Europa. Hier glaubte man lange, dass die ursprünglich aus dem Andenhochland stammende Pflanze ein Ziergewächs sei, oder man ass die giftigen Früchte. Es bedurfte der List des Preussenkönigs und einiger Hungersnöte, bis sich die Menschen in der «Alten Welt» endgültig vom Wert der Kartoffel als Nahrungsmittel überzeugen liessen. Drei bis vier Monate geht es, bis man von einer einzigen Kartoffel den zehn- bis zwanzigfachen Ertrag erhält. Angepasste Züchtungen gedeihen in heissen Halbwüsten ebenso wie in frostigen Bergregionen. Heute zählt die Kartoffel weltweit zu den vier wichtigsten Agrarprodukten. Als lang haltbares, jederzeit verfügbares Lebensmittel spielt sie in der Spitzengastronomie eine genauso wichtige Rolle wie in der Alltagsküche.
www.kartoffel.ch

Maluns

«DICKE KRÜMEL» FÜR DEN GROSSEN HUNGER

Wenn von Bündner Spezialitäten die Rede ist, werden Maluns und Capuns in einem Atemzug genannt. Dabei sind es sehr ungleiche Geschwister. Maluns war eine Arme-Leute-Speise aus Kartoffeln und Mehl. Sie stammt aus der Zeit, in der es eine Kunst war, aus den spärlichen Vorräten ein nahrhaftes und wohlschmeckendes Gericht zu kreieren. Maluns hat grosse Ähnlichkeit mit dem Rheintaler Maisribel. Doch statt Mais werden für dieses Bündner Bauerngericht am Vortag geschwellte Kartoffeln verwendet. Die Kunst besteht darin, die Kartoffelkrümel langsam zu rösten, bis sie goldbraun sind. Für die Capuns wird ein Mehlteig hergestellt. Doch im Gegensatz zu den Maluns ist die in Mangoldblätter eingewickelte Spezialität, zu der Speck, Rahm und Korinthen gehören, ein fürstliches Essen, das es wohl nur an Festtagen gab.

800 g Kartoffeln – 1 Ei – 300 g Weissmehl – 1 Prise Salz – 1 Msp frisch geriebene Muskatnuss – 250 g Butter

1 Kartoffeln am Vortag in der Schale (Gschwellti) kochen.

2 Kartoffeln schälen und auf der Röstiraffel reiben. Ei, Mehl, Salz und Muskatnuss mit den Kartoffeln vermengen.

3 Kartoffeln in zwei Portionen teilen und in einer Bratpfanne bei mittlerer Hitze braten, kräftig rühren, immer wieder ein wenig Butter zugeben. Bratzeit: 30 bis 40 Minuten.

Bündner Spezialitäten

WIE HAUSGEMACHT

Manchmal ist die Zeit zu knapp zum Kochen oder es gibt unverhofft Besuch. Dann ist es gut, ein paar Sachen im Vorrat zu haben, die kurz aufgewärmt, aufgebacken oder gebraten werden können. Auf solche Produkte hat sich die seit 2002 zur Frostag Food-Centrum AG gehörende La Pasteria Fattoria spezialisiert. Der Firmeninhaber ist Spross des ehemaligen Familienunternehmens Caprez (CADA), das 1901 eine der ältesten Teigwarenfabriken der Schweiz übernahm. La Pasteria verbindet Tradition mit Innovation. Neben italienischer Pasta werden Teigwaren mit hochwertigen Füllungen, Bio-Knospe-Pasta und Bündner Spezialitäten nach traditioneller Art und mit besten regionalen Zutaten hergestellt. Kein Wunder schmecken La Pasteria-Produkte wie hausgemacht.
www.la-pasteria.com

Quarkknöpfli

SO EIN KÄSE - FRISCHER GEHT'S NICHT MEHR

Quark ist nichts anderes als Frischkäse. Allerdings wird die Gerinnung durch Milchsäurebakterien und nicht durch Lab erreicht wie beim Süssmilchkäse. Bei diesem auch «Weisskäse» oder «Topfen» genannten Produkt aus geronnener Milch dürfte es sich um eine der ältesten Formen von Käse handeln. Da der Quark in der Regel nicht gepresst wird, hat er eine streichfähige Konsistenz. Je mehr Rahm er enthält, desto cremiger ist er. Quark ist ein günstiges und vielseitiges Produkt mit hohem Eiweissgehalt. Sein geringer Energie- und Fettgehalt macht ihn zum perfekten Rahmersatz. Frischer Quark gehört zu den beliebten Zutaten in Birchermüesli, Salatsaucen oder Kaltschalen mit Früchten. Er kann auch für rezente und süsse Backwaren und für Teige verwendet werden.

Teig 240g Magerquark – 4 Eier – 2 Eigelbe – 1TL Salz – wenig Muskatnuss – 250g Weissmehl – **Garnitur** 50g geriebener Sbrinz oder Gruyère – 2 Schalotten, in Streifen – 4 Scheiben Bratspeck, in Streifen – **Apfelkompott** 4 festkochende Äpfel – ½TL Zimtpulver – 1–2EL Zucker, je nach Süsse der Äpfel – ein wenig Zitronensaft, nach Belieben

1 Quark, Eier, Eigelbe, Salz und Muskatnuss in einer Teigschüssel verrühren, das Mehl mit dem Teigspachtel untermischen. 30 Minuten ruhen lassen.

2 Für das Kompott Äpfel schälen, vierteln und entkernen, Viertel in Schnitze schneiden. Apfelschnitze mit ein wenig Wasser in eine Pfanne geben, mit Zimt und Zucker bestreuen, bei schwacher Hitze weich kochen. Nach Belieben mit Zitronensaft abschmecken.

3 Backofen auf 100°C vorheizen.

4 In einer Bratpfanne Schalotten und Bratspeck goldgelb braten.

5 In einem Kochtopf reichlich Salzwasser erhitzen, Teig portionsweise in das Knöpflisieb füllen und mit dem Teigschaber in das kochende Wasser streichen. Knöpfli an die Oberfläche steigen lassen, mit einem Schaumlöffel herausnehmen. Knöpfli und Käse lagenweise in eine Schüssel füllen. Im Ofen zugedeckt (so können die Knöpfli nicht antrocknen) warm stellen. Speck-Schalotten-Gemisch am Schluss darüber verteilen.

Frischkäse

UMWELTFREUNDLICHER MILCHVERARBEITUNGSBETRIEB

Rund 600 gewerbliche Milchverarbeitungsbetriebe gibt es in der Schweiz. Während die wenigen «Riesen» mit aufwändiger Werbung auf ihre Produkte aufmerksam machen, übersieht man die Kleinen oft. Dabei sind sie meistens mindestens so innovativ und umweltbewusst. Der beste Beweis ist das Ostschweizer Familienunternehmen Züger Frischkäse AG, das heute in 2. Generation von den Brüdern Christof und Markus Züger geleitet wird und zu den wichtigsten Arbeitgebern im Sankt-Gallischen Fürstenland zählt. Der Betrieb verarbeitet jährlich 100 Millionen Liter regionale, frische Qualitätsmilch zu feinen Frischkäseprodukten wie (Pizza-)Mozzarella, Mascarpone, Ricotta, Quark, Frischkäse, Feta, Grillkäse sowie Butter, darunter lactosefreie und Bio-Produkte. Diese können auch im Chäsi-Shop-Fabrikladen bezogen werden.
www.frischkäse.ch

Rotkrautsalat mit Pilzen und Speck

DAS HERBSTGEMÜSE SCHMECKT DAS GANZE JAHR

Rotkraut verbindet man mit herbstlichen Genüssen. Was wäre die Wildplatte ohne Rotkraut und Kastanien? Das Rotkraut, das in der Schweiz auch Blaukabis genannt wird und dessen Farbe meistens weder rot noch blau, sondern violett ist, gehört zusammen mit seinem grossen Bruder, dem Weisskabis, zu den wertvollsten Lagergemüsen. Da es frühe, mittelfrühe und späte Sorten gibt, ist er fast das ganze Jahr frisch erhältlich. Wenn es pressiert, greift man zum raffiniert gewürzten Schöni-Rotkraut. Man kann es direkt aus der Packung für den herbstlichen Salat mit Pilzen und Speck verwenden oder nach eigenem Gusto verfeinern. So bleiben alle wertvollen Inhaltsstoffe erhalten. Wird das fertige Produkt in der warmen Küche eingesetzt, muss es bloss noch kurz erhitzt werden.

50 g Chinakohl, in feinen Streifen – 300 g gekochtes Rotkraut (Schöni) – 100 g Speckwürfelchen – 100 g Pilze, z. B. Champignons, Austernpilze, Eierschwämmchen oder frische Morcheln – 1 Bund Rucola – **Sauce** 1 EL Balsamico – 1 EL Apfelessig – Salz – frisch gemahlener Pfeffer – 4 EL Öl

1 Chinakohl und Rotkraut mit der Sauce mischen.

2 Pilze putzen, je nach Grösse und Pilzart ganz lassen, in Scheiben oder Streifen schneiden.

3 Speckwürfelchen in der heissen Bratpfanne zerlassen, Pilze beigeben und kräftig anbraten.

4 Rucola fein schneiden und mit Speck-Pilz-Mischung zum Salat geben, gut vermengen.

Rotkraut

WARUM DER BLAUKABIS ROT WIRD

Auf alkalischem Boden haben die äusseren Blätter des Blaukabis meist eine bläulichgrüne Färbung mit weissem Reif, auf saurem Boden sehen sie eher lila aus. Schneidet man die festen Köpfe entzwei, ist das Innere kräftig rotviolett. Beim Kochen wird das Kraut blau. Gibt man Essig dazu, wechselt die Farbe in ein appetitliches Magentarot. Diese Farbänderung ist auf die Anthocyane zurückzuführen, die als Säure-Basen-Indikator wirken. Das Rotkraut, das in der Sauerkrautfabrik Schöni hergestellt wird, stammt aus den schweizerischen «Gemüsekammern» und wird nach den strengen Richtlinien von Suisse Garantie oder Bio Suisse angebaut. Die von Hand geernteten «Blauschöpfe» werden in der grössten Sauerkrautfabrik der Schweiz sorgfältig zu feinstem Schöni-Rotkraut verarbeitet.
www.schoeni-swissfresh.ch

Rohschinken mit Gemüsestäbchen und Mayonnaise-Dip

GRÜSSE AUS DER SOMMERKÜCHE

Macht es Ihnen auch so viel Spass, über die sommerlichen Wochenmärkte zu flanieren? Die Düfte von Erdbeeren, Zucchetti, Fenchel, Sellerie, Peperoni einzuatmen und die Augen an der Farbenpracht zu laben? Kommen Sie auch mit vollgepackten Einkaufstaschen nach Hause – haben viel mehr eingekauft, als Sie eigentlich brauchen? Macht nichts, nun ist die richtige Zeit, Vitamine, Mineralstoffe und Antioxidantien zu tanken – frischer kann man die Genüsse aus dem heimischen Paradiesgarten nie haben, und die Bikini-Figur wird's bestimmt auch freuen. Selbst «Fleischtiger» werden kaum motzen, wenn das Gemüse schön eingewickelt in Bündner Rohschinken oder Bündnerfleisch und in Begeitung einer Mayonnaise aus kalt gepresstem Bio-Sonnenblumenöl serviert wird.

PRO PERSON 200g rohes Gemüse: Zucchino, Fenchel, Karotte, Stangensellerie, fruchtiger Kürbis, Kohlrabi, Radieschen, Rettich – 50–100g Bündnerfleisch oder Bündner Rohschinken – **Mayonnaise** 4 Eigelbe – 2TL Kräutersalz – ½TL frisch gemahlener weisser Pfeffer – 1 Prise Cayennepfeffer – 1EL Senf – ½dl weisser Balsamico – ½l kalt gepresstes Bio-Sonnenblumenöl – wenig Zitronensaft

1 Für die Mayonnaise Eigelbe, Kräutersalz, Pfeffer, Senf und Balsamico in eine Rührschüssel geben und gut verrühren. Sonnenblumenöl im Faden unter die Eigelbe schlagen. Mayonnaise mit Zitronensaft abschmecken, eventuell mit etwas Wasser verdünnen.

2 Gemüse putzen/schälen und in Stäbchen schneiden, in Bündnerfleisch oder Bündner Rohschinken einwickeln. Anrichten. Mit Mayonnaise servieren.

Trockenfleisch / Pflanzenöl

«KRAFTSTOFF» FÜR DEN KÖRPER

Protein und kaltgepresstes Pflanzenöl sind biologisch hochwertige Nährstoffe für den Aufbau und den Erhalt der Zellen. Mageres Fleisch enthält Eiweiss sowie Spurenelemente und Vitamine der B-Gruppe in gut verfügbarer Form. Mit ausgewogener Mischkost kombiniert, verbessert es die Aufnahme von Stoffen aus pflanzlicher Kost. Qualität ist beim Trockenfleisch für die Traditionsfirma Brügger aus Parpan oberstes Gebot.

Die Vitamine A, D und E können vom Körper nur mit Hilfe von Fett verwertet werden. Wer Genuss mit gesunder Ernährung kombiniert, wählt kaltgepresste Pflanzenöle. Zu den Schweizer Pionieren gehört die Biofarm mit wertvollen Top-Produkten wie Baumnuss-, Kürbis-, Lein-, Oliven-, Raps- und Sonnenblumenöl aus Bio-Produktion. Das Angebot ist im Fachhandel und online erhältlich.

www.biofarm.ch / www.bruegger-parpan.ch

Linsen mit Gemüse

BRAUN, GRÜN, ROT, GELB UND SCHWARZ

Früher galten Linsen als Arme-Leute-Essen: Sie waren nahrhaft, lange haltbar und günstig. Als Kind habe sie sich geschämt, weil es jede Woche mindestens einmal Linsen zum Mittagessen gegeben habe, erzählte eine Frau, deren Eltern in den Sechzigerjahren von Napoli in die Schweiz gekommen waren. Damals wusste sie noch nicht, dass Linsen sehr gesund sind. Heute stehen diese Hülsenfrüchte auch bei ihr hoch im Ansehen. Vor allem bei fleischarmer, vegetarischer oder veganer Kost sind sie fast unverzichtbar. Zudem zeichnen sie sich durch einen hohen Anteil an Ballaststoffen aus. Sogar Gourmet-Köche haben die Linsen entdeckt, denn sie sind nicht nur in der boomenden indischen Küche äusserst beliebt, sondern auch sonst vielseitig einsetzbar. Selbst farblich geben sie einiges her – von gelb über rot, grün und braun bis schwarz.

50g durchwachsene Speckwürfelchen – 1 grosse Zwiebel, klein gewürfelt – 300g gemischtes Gemüse: Karotte, Lauch, Knollensellerie – 150g braune Linsen – ½l schwache Gemüsebouillon – 2 Gewürznelken – 1 Lorbeerblatt – Salz – frisch gemahlener Pfeffer – 3–4 EL Balsamico

1 Karotte und Sellerie schälen und in Würfelchen schneiden. Grobfasrige Teile beim Lauch entfernen, Stange längs halbieren und quer in Streifchen schneiden.

2 Speckwürfelchen bei mittlerer Hitze auslassen, Zwiebeln und Gemüse zugeben und andünsten, Linsen, Gemüsebouillon, Nelken und Lorbeer zufügen, köcheln lassen, bis die Linsen weich sind. Gewürznelken und Lorbeerblatt entfernen. Abschmecken mit Salz, Pfeffer und Balsamico.

Linsen

DIE GUTEN INS TÖPFCHEN...

Linsen spielen in vielen Sagen, Märchen und Mythen eine wichtige Rolle. In den biblischen Geschichten verkauft Esau die Rechte, die ihm als Erstgeborenem zustehen, gegen ein Linsengericht an seinen Bruder Jakob. Im Märchen der Brüder Grimm bittet Aschenputtel die Tauben, ihr beim Linsen-Sortieren zu helfen: «Die guten ins Töpfchen, die schlechten ins Kröpfchen.» In der heutigen Qualität müssen die meisten Linsen nicht mehr eingeweicht werden. Zudem beträgt die Kochzeit je nach Sorte lediglich 10 bis 30 Minuten – ideal für die schnelle Küche. Besonders exklusiv sind die schwarzen Beluga-Linsen, die tatsächlich wie Kaviar aussehen. Kräuter und Gewürze geben den eher faden Linsen nicht nur ein feines Aroma, sondern unterstützen auch die Verdauung.
www.biofarm.ch

Appenzeller Schnitte

JEDEM KÄSEFAN SEINE EIGENE SCHNITTE

Käseschnitten – ein Thema in Hunderten von Variationen. Es gibt sie nach Appenzeller Art – mit Appenzeller® Käse selbstverständlich. Im Wallis heissen sie «Croûtes au fromage», die je nach Talschaft zusätzlich mit Schinken, Spiegelei oder anderen deftigen Zutaten belegt werden. Bei der Käseschnitte nach Käserart greift man zur fertigen Fonduemischung. Wenn's pressiert, kann man auch Scheibenkäse verwenden. Die Schnitten werden in der Bratpfanne oder im Backofen gebacken beziehungsweise gegrillt. Die Original-Käseschnitten aus dem Armee-Kochbuch werden frittiert – eine nahrhafte Angelegenheit, die oft mit Magenbrennen endet. Und doch, wenn man in gemütlichen Bergrestaurants oder SAC-Hütten einkehrt, kann man dem Klassiker aus Brot, Käse, Eiern und Wein nur schwer widerstehen.

4 dicke Scheiben Ruchbrot – 2 EL Öl – 2 EL Senf – 4 Scheiben Appenzeller® Käse, je 80 g – 4 gekochte Birnenhälften – 4 Speckscheiben, je 30 g

1 Backofen auf 250 °C vorheizen.
2 Öl und Senf glatt rühren, Brotscheiben damit bestreichen. Appenzeller® Käse und Birnenhälfte darauflegen, Speck darüberlegen.
3 Appenzeller Schnitten bei 250 °C backen, bis der Käse geschmolzen und der Speck knusprig ist.

Appenzeller® Käse

NUR ZWEI PERSONEN KENNEN DAS KRÄUTERSULZ-REZEPT

Käse wird im Appenzellerland seit über 700 Jahren hergestellt. Die Labkäserei, auf deren Herstellungstechnik der Appenzeller® Käse beruht, setzte sich Mitte des 16. Jahrhunderts durch. Doch Produktion und Qualitätsnormen wurden erst im Verlauf des 20. Jahrhunderts vereinheitlicht und verbessert. 1942 wurde die Sortenorganisation für den Appenzeller® Käse gegründet. Wenige Jahre später folgte eine Marktordnung für den voll- bis viertelfetten Käse aus dem Produktionsgebiet zwischen Säntis und Bodensee. Schon früh bekannt war auch eine Gewürz-/Kräuterbeize, die jeder Käser selbst herstellte. Auf eine einheitliche Rezeptur konnte man sich Anfang der 1960er-Jahre einigen. Heute gehört der Rohmilchkäse dank der geheimnisvollen Kräutersulz zu den bekanntesten Milchprodukten der Schweiz.

www.appenzeller.ch

Capuns

EINE BAUERNSPEISE EROBERT DIE FEINEN RESTAURANTS

Früher bestand die Kost der einfachen Leute vor allem aus Mehl, Kartoffeln und Schmalz. Daraus wurden deftige Gerichte hergestellt, die Saft und Kraft gaben, um die harte Arbeit zu bewältigen. Käse und Fleisch dagegen wurden wohl nur an Feiertagen aufgetischt. Auch mit Wurst und Speck wurde sparsam umgegangen. Unterdessen hat die feine Lebensart Einzug gehalten. Doch trotz Haute Cuisine und exotischen Zutaten sind diese alten Gerichte beliebter denn je. Bündner Speisen wie Capuns, Maluns, Pizokel und Pizzoccheri werden in den besten Restaurants serviert. Und die Bündner kennen so viele Capuns-Rezepte, wie es Schwiegermütter gibt. Die einen mischen klein gewürfelten Speck in den Spätzliteig, die anderen Bündnerfleisch oder Salzis. Was auch immer, Capuns machen satt und schmecken herrlich.

40 Schnittmangoldblätter – 300 g Weissmehl – 4 Eier – 1 dl Milch – 1 TL Salz – 40 g Butter – 1 mittelgrosse Zwiebel, klein gewürfelt – 50 g Speckwürfelchen – 100 g Toast- oder Weissbrotwürfelchen – 4 EL gehackte Kräuter – 50 g Korinthen – Küchengarn – 2 dl Rahm – 100 g Frühstücksspeck, in Streifchen – 2 Bund Schnittlauch, in Röllchen

1 Mangoldblätter in reichlich kochendem Wasser blanchieren, maximal 1 Minute. Abgiessen und mit kaltem Wasser abschrecken. Auf Geschirrtücher legen.
2 Mehl, Eier, Milch und Salz kräftig rühren, bis der Teig Blasen wirft. 30 Minuten quellen lassen.
3 Zwiebeln, Speck und Brot in der Butter andünsten, mit Kräutern und Korinthen unter den Teig rühren.
4 Auf jedes Mangoldblatt 1 EL Füllung geben. Schmalseiten darüberlegen, von der andern Seite einrollen, mit Küchenfaden binden.
5 In zwei grossen Kochtöpfen Salzwasser aufkochen. Capuns zugeben und bei schwacher Hitze 20 Minuten garziehen lassen. Mit dem Schaumlöffel herausnehmen und in zwei eingefettete Gratinformen legen. Mit Speck und Schnittlauch bestreuen, mit Rahm beträufeln.
6 Capuns bei 220 °C 10 Minuten überbacken.

Bündner Spezialitäten

WO CONVENIENCE ZUM FESTESSEN WIRD

Wenn man Capuns selbst zubereitet, steht man mindestens einen halben Tag in der Küche. Eine wunderbare Beschäftigung an einem verregneten Wochenende und ein teamförderndes Unternehmen für die ganze Familie. Doch zum Glück gibt es eine Convenience-Variante dieser in Mangoldblätter eingewickelten Mehlspeise. Wer beim Wocheneinkauf oder im Reformladen ab und zu nach Frischpasta und Pastasaucen greift, kommt an «La Pasteria» kaum vorbei. Beste Zutaten und eine sorgfältige Zubereitung machen die Spezialitäten des Frischteigwaren-Herstellers La Pasteria Fattoria zur ersten Wahl, die auch aus ökologischer Sicht hundertprozentig vertretbar ist. Die Capuns sind handgemacht und frisch. Dass sie aus der La-Pasteria-Tüte kommen, muss man dem begeisterten Besuch ja nicht verraten.
www.la-pasteria.com

VEGETARISCHE GERICHTE

Gemüse im Tilsitermantel

EIN LECKERES MÄNTELCHEN

In Tilsiter Käse gehüllt statt in trockenes Paniermehl, so schmeckt Gemüse auch Leuten, die sonst lieber über die Vegiplatte hinweg zum Fleisch greifen. Schon früher versuchte man Nahrungsmittel zu strecken, wenn sie knapp waren. Als sich die Türken im 17. Jahrhundert an der Belagerung von Wien nicht nur die Zähne ausbissen, sondern selbst kaum mehr etwas zu beissen hatten, sollen sie ihre spärlichen Vorräte mit einer Kruste aus grünem Laub und Sägespänen gestreckt haben. Die Technik wurde beibehalten, doch in besseren Zeiten verwendete man in Krümel geriebenes Brot. Heute werden nicht nur Wiener Schnitzel paniert. Zudem besteht die Panade nicht mehr ausschliesslich aus trockenem Brot. Mindestens so lecker ist ein «Mäntelchen» aus Tilsiterkäse, der beim Braten cremig verläuft.

1 grosser Kohlrabi – 1 kleiner Knollensellerie – 200 g Zucchetti (grosser Zucchino) – 1 Aubergine – 3–4 EL gehackte, gemischte Kräuter – **Panade** Weissmehl – 3 grosse Eier – 300 g roter Tilsiter – Bratbutter

1 Kohlrabi und Sellerie schälen und in 8 bis 10 mm dicke Scheiben schneiden. Im Dampf knackig garen. Zucchetti ungeschält in etwa 10 mm dicke Scheiben schneiden. Aubergine beidseitig kappen und in etwa 10 mm dicke Scheiben schneiden.

2 Eier verquirlen, Tilsiter auf der Bircherraffel dazureiben.

3 Gemüsescheiben mit den Kräutern würzen, zuerst im Mehl, dann in der Eier-Tilsiter-Masse wenden, bei mittlerer Hitze in einer weiten Bratpfanne in der Bratbutter portionsweise braten. Warm stellen.

TIPP Mit einem bunten Blattsalat servieren.

Ein weitgereister Käse

Ein Heissluftballon in der Form einer rot/grün gefleckten Zwillingskuh war der Liebling meiner Kinder. Sie stellten schnell fest, dass er der Werbeträger für den von ihnen bevorzugten Käse ist. Für mich war der Tilsiter stets ein echtes Schweizer Produkt mit einem feinen Aroma. Und erst noch günstig. Dabei lag Tilsit einst in Ostpreussen. Möglich, dass er von tüchtigen Schweizer Käsern kreiert wurde, die vor Jahrhunderten in jenen Gegenden sehr willkommen waren. Der Thurgauer Otto Wartmann brachte das Rezept 1893 von einer Reise nach Tilsit mit und begann selber Käse herzustellen. Für die Produktion, die Erhaltung, die Förderung und die Vermarktung dieser feinen Spezialität setzt sich die SO Tilsiter Switzerland in Weinfelden ein. Übrigens: «Tilsiterland» liegt seit 2007 offiziell im Dreieck Thurgau – St. Gallen – Zürcher Oberland.
www.tilsiter.ch

Schabziger-Älplermagronen

ITALIENISCH-SCHWEIZERISCHES «MATRIMONIO»

Keine Berghütte, die sie nicht auf der Speisekarte führt. Manchmal erhält man sie sogar in besseren Touristen-Restaurants: Älplermagronen gelten als herzhaftes Gericht aus dem schweizerischen Alpenraum. Doch ursprünglich ging es um eine «Heirat» von helvetischen Kartoffeln mit Maccheroni aus den «Heimweh-Vorräten» der italienischen Mineure. Die Frage, ob es Sennen oder Tunnelbauer waren, welche die haltbaren, aber zu jener Zeit schwer erhältlichen Trockenteigwaren mit billigen Kartoffeln streckten, sei dahingestellt. Für die Älplermagronen werden seit jeher Eierteigwaren verwendet, vorzugsweise die kurzen, dicken Formen wie Penne oder Maccheroni. Vermischt mit Rahm, Schabziger und Käse und mit gerösteten Zwiebeln bestreut, stillen sie selbst den grössten Hunger. Zwingend dazu gehört süsses Apfelmus.

600 g festkochende Kartoffeln – 250 g Magronen (Maccheroni) oder Hörnli – 150 g würziger Alpkäse, grob gerieben (Röstiraffel) – 100 g Glarner Schabziger, fein gerieben (Bircherraffel) – 1 dl Rahm – wenig Muskatnuss – **Zwiebelschwitze** 2 grosse Zwiebeln – 1–2 EL Mehl – Bratbutter

1 Kartoffeln schälen und in Würfelchen schneiden.

2 Kartoffeln und Magronen in viel Salzwasser al dente kochen. Unter Einstreuen des Alpkäses in eine vorgewärmte Schüssel füllen. Im vorgeheizten Ofen bei 100 °C warm stellen. Rahm und Schabziger erhitzen, über die Älplermagronen verteilen. Warm stellen.

3 Zwiebeln in feine Ringe schneiden und im Mehl wenden, in der heissen Bratbutter braten. Über die Älplermagronen verteilen. Sofort servieren.

TIPPS Mit einem Kompott aus Äpfeln, Birnen oder Quitten servieren. Oder mit Apfelmus oder Salat servieren. Zusätzlich fein geriebenen Schabziger über die Älplermagronen streuen und erst danach die Zwiebeln darüber verteilen.

Glarner Schabziger

SEIT 550 JAHREN EIN PAAR: SCHABZIGER UND ZIGERKLEE

Er ist einzigartig, der Glarner Schabziger. Die Zigermasse wird aus Magermilch hergestellt, die mit speziellen Milchsäurebakterien geimpft wird. Sie besteht aus Milcheiweiss, das weder Kohlenhydrate noch Fett enthält. Der Rohziger wird einige Wochen im Chromstahltank gelagert, wo er erstmals fermentiert. Schon jetzt entwickelt er seinen typischen Duft, der später durch die Zugabe von pulverfein geriebenem Zigerklee noch verstärkt wird. Mit über 550 Jahren gibt sich der Schabziger innovativer denn je: Es gibt ihn nicht nur in Stöckliform und als Zigerbutter, sondern auch als Frischkäse mit dem Namen «Glarner Grüessli».
www.schabziger.ch

Gratinierte gefüllte Tomaten

DIE LIEBESÄPFEL MIT DEM LECKEREN SBRINZHERZEN

Fertig mit «Plastiktomaten», die zwar schön rot aussehen, aber nach nichts schmecken. Wer sucht, der findet auf den Märkten oder beim Gemüsebauern wieder alte aromatische Sorten wie Berner Rose, Ochsenherz, Küssnachter, Green Giant und wie sie alle heissen. Andreas Sprecher (www.tomandi.ch) hat im Lauf der Jahre eine Sammlung von 1200 verschiedenen autochthonen Sorten aus der ganzen Welt zusammengetragen. Darunter gibt es nicht wenige, denen unser Klima sehr behagt und die uns mit einem reichen Farbenmix überraschen. Die Aromen – von säuerlich bis zuckersüss – unterscheiden sich durch feine Nuancen, die sowohl roh wie gekocht zur Geltung kommen.

4 sonnengereifte Tomaten – **Füllung** 3 EL Olivenöl – 1 Knoblauchzehe, fein gehackt – 250 g Blattspinat – 2 EL Ricotta oder zerdrückter Feta, nach Belieben – 80 g geriebener Sbrinz – Kräutersalz – frisch gemahlener Pfeffer

1 Tomaten quer halbieren und entkernen.

2 Knoblauch im Olivenöl andünsten, Spinat kurz mitdünsten, Ricotta und Sbrinz unterrühren, mit Kräutersalz und Pfeffer würzen, in die Tomaten füllen.

3 Gefüllte Tomaten im vorgeheizten Ofen bei 180 °C 15 bis 20 Minuten backen.

TIPP Die gefüllten Tomaten sind mit einem Salat und mit knusprigem Brot eine leichte Sommermahlzeit.

Olivenöl

HANDVERLESEN UND KALT GEPRESST

Unter dem Label Terra Verde werden seit über 15 Jahren mediterrane Qualitätsprodukte aus kontrolliert biologischem Anbau angeboten. Bei der Herstellung dieser exquisiten Spezialitäten zum Ess- und Trinkgenuss werden fairen Arbeitsbedingungen und dem Schutz der Natur grösste Beachtung geschenkt. Das Olivenölangebot von Terra Verde eignet sich ausgezeichnet für die kalte Küche und die schonende Zubereitung von warmen Speisen. Die Früchte für die naturreinen, kaltgepressten Öle und die extrafeinen Aromaöle werden von Hand geerntet, sorgfältig verlesen und mit moderner Technologie verarbeitet. Die ganze exquisite Palette von mediterranen Produkten kann online bestellt werden. www.terra-verde.ch

Zwieback-Gemüse-Lasagne

VIEL MEHR ALS SCHONKOST

Zwieback und Schwarztee sind eher mit unangenehmen Kindheitserinnerungen verbunden. Beim Stichwort «Zwieback mit Ovomaltine» dagegen erscheint das Bild einer Familienidylle mit Urgrossmutter und Grossmutter in schwarzem, fein geblümtem, knöchellangem Rock, welche die Enkelin am Küchentisch mit unbekannten Köstlichkeiten verwöhnen, damit sie gross und stark wird. Dass selbst Back-Banausen aus Zwieback leckere Guetzli herstellen können, ist spätestens seit der Pfadizeit bekannt. Und wenn es schnell gehen muss, zaubert man aus Zwieback und Rhabarberkompott ein feines Frühlingsdessert. Doch wer hätte gedacht, dass sich aus Zwieback eine Lasagne herstellen lässt? Das Ergebnis überzeugt und hat absolut nichts mit Schonkost zu tun.

200 g Zwieback, ohne Zucker – 1 EL Butter – 1 grosse Zwiebel, klein gewürfelt – 200 g Champignons, in Scheiben – 2 Zucchini, in Scheiben – 200 g grüne Bohnen, knackig gegart – 2 Fleischtomaten, in Schnitzen – **Béchamelsauce** 1 EL Butter – 2 EL Mehl – 1 dl Gemüsebouillon – ½ l Milch – 1 dl Rahm – Salz – frisch gemahlener Pfeffer – Muskatnuss – frisch geriebener Gruyère

1 Für die Béchamelsauce Butter schmelzen, Mehl zugeben und andünsten, mit Gemüsebouillon ablöschen, glatt rühren, Milch und Rahm zugeben und unter Rühren aufkochen, einige Minuten köcheln lassen, mit Salz, Pfeffer und Muskatnuss würzen.

2 Zwiebeln in der Butter andünsten, Champignons und Zucchini kurz mitdünsten.

3 Boden der eingefetteten Gratinform mit wenig Béchamelsauce bedecken. Mit Zwieback belegen, fortfahren mit Gemüse (Tomaten, grüne Bohnen, Pilz-Zucchini-Mix), mit Béchamelsauce beträufeln, mit Zwieback bedecken, weiterfahren mit Gemüse, Béchamelsauce und Zwieback, abschliessen mit Béchamelsauce, Gruyère darüberstreuen.

4 Lasagne in der Mitte in dem auf 200 °C vorgeheizten Ofen etwa 20 Minuten backen.

Zweimal gebacken = Zwieback

Zwieback ist leicht und lange haltbar. Er gehört in jede Militär-Notration und hat auch im Wanderrucksack einen festen Platz. Schon die Griechen und Römer nutzten das zweimalige Backverfahren, um genug Proviant für ihre Eroberungstouren zu Lande und zu Wasser zu haben. Auch Kolumbus wäre kaum bis nach Amerika gekommen, wenn er keinen Schiffszwieback an Bord gehabt hätte.

Heute ist das aus feinem Mehl, Wasser Zucker, Pflanzenfett, Magermilchpulver und Hefe hergestellte Brotgebäck ein bekömmliches Alltagsprodukt. «Einback» heisst es nach dem ersten Backvorgang. Nach 24 Stunden Ruhezeit wird es in gleichmässige Scheiben aufgeschnitten und schonend geröstet. «Roland Zwieback» gibt es seit 1941. Er ist in den Varianten «Classic», «Vollkorn» «ohne Kristallzucker» und «glutenfrei» erhältlich und wird aus besten Rohmaterialien nach dem fast unveränderten Originalrezept hergestellt.
www.roland.ch

Spiralnudeln mit Zucchini und Thymian

SCHNELL, GÜNSTIG UND GUT

Je wärmer die Sommertage, umso weniger ist einem zum Kochen zumute. Und trotzdem sollte für die Familie etwas Sättigendes auf dem Tisch stehen. Wie wäre es mit Teigwaren, kombiniert mit Zucchini und Thymian? Das ist ein sommerliches, fast mediterran anmutendes und optisch ansprechendes Gericht, das im Nu fertig ist. Auch vom gesundheitlichen Wert her gibt es nichts auszusetzen, denn die Kernser 3-Ei-Spiralen werden aus wertvollem UrDinkelmehl aus dem Seetal hergestellt.

300–400 g Spiralnudeln – Salz – 1 EL Olivenöl – 1 grosse Zwiebel – 1 Knoblauchzehe – 2 Zucchini – 1 Bund blühender Thymian, zerkleinert – einige in Öl eingelegte schwarze Oliven, entsteint, in Streifchen – ½ Zitrone, abgeriebene Schale und Saft – 1 EL Olivenöl – Kräutersalz – frisch gemahlener Pfeffer

1 Zwiebel halbieren und in feine Streifen schneiden. Zucchini beidseitig kappen, in feine Scheiben schneiden.

2 Zwiebeln, durchgepressten Knoblauch und Zucchini im Olivenöl andünsten, restliche Zutaten zugeben und kurz weiterdünsten, mit Kräutersalz und Pfeffer abschmecken.

3 Spiralnudeln in reichlich Salzwasser al dente kochen. Abgiessen. Mit den Zucchini mischen.

Pasta

FAMILIENSACHE IN 3. GENERATION

Pasta soll eine Erfindung der Römer sein. Zudem ist verbürgt, dass sich die Mönche des Klosters Disentis ab 1731 als private Teigwarenhersteller betätigten. Gut hundert Jahre später entstand in Luzern die erste Teigwarenfabrik in der Schweiz. Es vergingen weitere hundert Jahre, bis Bäcker Röthlin 1936 in Kerns mit der Produktion von Hörnli, Spaghetti & Co. anfing. In jener Zeit gab es 75 regionale Pasta-Hersteller. Übriggeblieben sind vier kleine und vier grosse, die entweder den Grossverteilern gehören oder diese beliefern. Unter den kleinen nimmt die Kernser Pasta Röthlin AG eine Sonderstellung ein: Sie ist bis heute ein Familienunternehmen und produziert hochwertige Pasta in verschiedenen Varianten und in unzähligen Sorten nach traditioneller Walzart.
www.kernser-pasta.ch

Kartoffelgratin mit Tomaten

DER «APFEL», DER AUS DER ERDE KOMMT

Die europäische Küche wäre um vieles ärmer, wenn es die Kartoffeln nicht gäbe. Ob festkochend, vorwiegend festkochend oder mehlig, ob goldgelb, rötlich oder violett – sie sind wahre Allroundtalente. Als Gschwellti sind sie am gesündesten. Als Pommes frites oder Chips am beliebtesten. Der rahmige Kartoffelstock verführt die Kids noch heute dazu, mit dem Löffel Vertiefungen zu machen und sie mit Sauce zu füllen. Der Kartoffelgratin, der mit verschiedensten Zutaten angereichert werden kann, ist ein Gericht, das nie verleidet, egal ob als Hauptspeise oder als klassische Sättigungsbeilage. Für Eilige gibt es unterdessen immer mehr Halbfertig- und Fertigprodukte, die bloss noch in die Pfanne gegeben oder in den Backofen geschoben werden müssen. Doch die «Erdäpfel» mögens nicht nur rassig, rahmig und rezent, sondern wären durchaus für ein süsses Abenteuer zu haben.

600–800 g festkochende Kartoffeln – 2 mittelgrosse Zwiebeln, fein gewürfelt – 1 Bund Majoran, Blättchen abgezupft – Salz – frisch gemahlener weisser Pfeffer – 4–6 Tomaten – 3 dl Gemüsebouillon – 2 dl Weisswein – 100 g reifer Walliser Käse, auf der Röstiraffel gerieben

1 Kartoffeln schälen und in Würfel schneiden. Tomaten an der Spitze kreuzweise einschneiden, im Schaumlöffel in kochendes Wasser tauchen, bis sich die Haut löst, Tomaten unter kaltem Wasser abschrecken, schälen, Stielansatz ausstechen, in Schnitze schneiden.

2 Backofen auf 200 °C vorheizen.

3 Gratinform einfetten, zuerst Zwiebeln und Kartoffeln in die Form verteilen, mit Majoran, Salz und Pfeffer würzen. Mit den Tomaten belegen, würzen. Gemüsebouillon und Weisswein dazugiessen.

4 Kartoffelgratin in der Mitte in den Ofen schieben und bei 200 °C 40 Minuten backen. Käse etwa 10 Minuten vor Ende der Backzeit über den Gratin verteilen.

Kartoffel

FRAUENPOWER AUF DEM KARTOFFELACKER

Sie heissen Annabelle, Agria, Amandine, Charlotte, Désirée, Lady Felicia oder Victoria. Mit ihren klangvollen Namen lösen sie alte bekannte Sorten wie Bintje, Urgenta & Co. nach und nach ab, weil sie den heutigen Anforderungen bezüglich Anbau und Verwendung besser entsprechen. Auf einer Fläche von 11000 Hektaren werden in der Schweiz mehr als 30 Kartoffelsorten angebaut. Die Vielfalt von Form, Fleischfarbe, Stärkegehalt, Aroma usw. lässt auch bei den anspruchsvollsten Gourmets kaum Wünsche offen. Zudem gibt es eine riesige Auswahl an alten ProSpecieRara-Sorten wie Ackersegen, blaue Schweden, Parli oder Müsli, die heute vor allem in Privatgärten wieder vermehrt angebaut werden. Die Kartoffel ist ein Wunder der Natur, wenn man bedenkt, dass sich aus einer einzigen Mutterknolle ohne weiteres 10 bis 20 Tochterknollen entwickeln können. Sie liebt humosen Boden, gedeiht aber auch auf kargem Grund. Nur Dauerregen mag sie nicht – dann wird sie faul und stinkig.
www.kartoffel.ch

Ribelziegel mit Steinpilzen

«TÜRGGEN» – EINE RHEINTALER SPEZIALITÄT

Alte Regionalprodukte feiern ein Comeback. Viele sind dem kommerziellen «Einheitsbrei» geschmacklich weit überlegen. Das trifft auch auf den Ribelmais zu. Im Rheintal gehörte er bis in die Nachkriegszeit zu den Hauptnahrungsmitteln. Veränderte Essgewohnheiten und ertragreichere Getreidezüchtungen degradierten ihn zum Tierfutter. Heute ist der Ribelmais mit seiner charakteristischen weissbeigen Farbe wieder als Speisegriess, -dunst und -mehl erhältlich. In der Küche wird er wie konventioneller Mais verwendet. Die Bezeichnung «Ribel» ist auf die einst gebräuchlichste Zubereitungsart zurückzuführen: Ribelmaisdunst wird heiss angebrüht – am besten am Vorabend – und am nächsten Tag mit Butter oder Öl in der Bratpfanne sorgfältig geribelt und die Maisklümpchen, die dabei entstehen, goldbraun geröstet.

Ribelziegel 4 dl Wasser – 4 dl Milch – Salz – frisch gemahlener Pfeffer – 200 g Rheintaler Ribelmais – 2 Eigelbe – 50 g Bratbutter **Pilzragout** 20 g Butter – 50 g gehackte Schalotten – 400 g frische Steinpilze – Salz – frisch gemahlener Pfeffer – 2 dl Rahm

1 Wasser und Milch aufkochen, würzen, Ribelmais zugeben, nochmals erhitzen, bei schwacher Hitze zugedeckt etwa 15 Minuten quellen lassen, ab und zu rühren. Eigelbe unterrühren. Ribelmais in eine mit Klarsichtfolie ausgelegte Form füllen. Erkalten lassen. Ribelmais stürzen, in 15 mm dicke Ziegel / Scheiben schneiden. In einer weiten Bratpfanne in der Bratbutter beidseitig braten, warm stellen.

2 Steinpilze putzen, in Scheiben schneiden. Schalotten in der Butter andünsten, Steinpilze zugeben, würzen, dünsten, bis die Pilze hellbraun sind, aus der Pfanne nehmen. Rahm zugeben, Sauce sämig einkochen lassen, würzen. Pilze zugeben, erhitzen.

3 Steinpilzragout auf vorgewärmten Tellern anrichten, Ribelziegel darauflegen.

Ribelmais

EINZIGES SCHWEIZER AOP-GETREIDE

Seit bald 450 Jahren wird das «grano turco» – das Korn, das aus der Türkei kam – im Rheintal angebaut. Dass es den Ribelmais noch gibt, ist Rolf Künzler vom Landwirtschaftlichen Zentrum Rheinhof/Salez zu verdanken. Er initiierte in den 1990er-Jahren das Projekt Rheintaler Ribelmais. Diese alte Landsorte wurde damals kaum mehr angebaut. Da jede Familie ihr eigenes Saatgut kultivierte, blieb eine grosse genetische Vielfalt erhalten. Der 1998 von Produzenten, Verarbeitern, Gastronomen und Interessierten gegründete Verein Rheintaler Ribelmais unterstützt den Anbau und die Vermarktung dieses wertvollen regionalen Kulturguts. Inzwischen ist das Korn, das mit dem Keimling gemahlen wird, das erste Getreide, das die AOP-Ursprungsgarantie für Regionalprodukte führen darf.
www.ribelmais.ch

Raclette

RACLER LE FROMAGE

Raclette gehört zusammen mit dem Käsefondue zu den wichtigsten Schweizer Nationalgerichten. Es verdankt seinen Namen der Zubereitungsart: «Racler» heisst «schaben» oder «kratzen». Die urtümlichste Art, Raclette herzustellen, ist im offenen Feuer: Ein halber Laib Vollfettkäse wird so nahe an die Glut gelegt, dass die Schnittstelle zu schmelzen beginnt. Dabei verleiht der Rauch dem Käse einen unverwechselbaren Geschmack. Die geschmolzene Schicht wird abgeschabt und über Gschwellti oder auf eine Brotscheibe gegeben. In der Nachkriegszeit des letzten Jahrhunderts wandelte sich die «Hirtenspeise» zum Volksgenuss. Heute gibt es elektrische Tisch-Raclette-Öfen mit flachen Pfännchen, in denen jeder seine Käsescheibe schmelzen kann. Hervorragend für ein gemütliches Essen im Familien- und Freundeskreis.

500 g Raclettekartoffeln – 400 g Raclettekäse, in Scheiben – frisch gemahlener Pfeffer – edelsüsses Paprikapulver – Cornichons – Silberzwiebelchen

1 Kartoffeln in der Schale im Dampf weich garen, in ein Geschirrtuch oder in Servietten einschlagen und warm halten.

2 Käsescheiben im Pfännchen oder auf einem hitzebeständigen Teller im Backofen bei starker Hitze schmelzen, würzen.

Essiggurken

EINE HARMONISCHE ESSGEMEINSCHAFT

Die Bezeichnung «Raclette» wurde 1874 erstmals schriftlich erwähnt. Sie hat sich im deutschen Sprachraum rasch eingebürgert. Eigentlich handelt es sich um Bratkäse, welcher in den Rodeln der ob- und nidwaldnerischen Klöster bereits im 13. Jahrhundert erwähnt wurde. Doch was wäre unser Raclette ohne knackiges Essiggemüse als Beilage? Es ist der Farbtupfer auf dem Teller und die pikante Note im Gaumen. Echte Schweizer Essiggurken jedoch sind eine rare Spezies: Reitzel Suisse SA in Aigle ist das einzige Unternehmen, das noch Schweizer Essiggurken verarbeitet. Wurden in den 1980er-Jahren rund 1800 Tonnen geerntet, betrug die Produktion 2016 bloss 253 Tonnen. Dank neuen Sorten und der seit 2009 vereinbarten Abnahmegarantie befindet sich der Anbau von Schweizer Gurken wieder im Aufwind.
www.hugoreitzel.ch

Nudeln mit Brennnesseln

LAUTER WERTVOLLE OLDIES AUS DER NATUR

Wenn's schnell gehen muss und es trotzdem gesund sein soll, sind UrDinkel-Nudeln empfehlenswert. Sie haben eine Kochzeit von 8 bis 10 Minuten. Die Kombination mit jungen Brennnesseltrieben ist ein richtiger Frühlingshit. Diese verleihen den Teigwaren einen frischen, herb-würzigen Geschmack und versorgen unseren Körper mit Vitamin C, Eisen und Magnesium. Dinkel, das Urgetreide aus der Bronzezeit, zeichnet sich ebenfalls durch Eigenschaften aus, die vielen anderen Nahrungsmitteln fehlen: Er sättigt nachhaltig, ist leicht basisch und belastet die Verdauung nicht. Er stimmt heiter, liegt voll im Gourmet-Trend und ist von Natur aus ein Öko-Getreide – vorausgesetzt, man wählt die alten, echten Sorten.

350 g UrDinkel-Nudeln – 2 grosse Handvoll Brennnesseltriebspitzen – 100 g Frischkäse – 50 g geriebener Sbrinz – frisch gemahlener Pfeffer – Olivenöl

1 Nudeln in viel Salzwasser al dente kochen. 2 bis 3 Minuten vor Ende der Garzeit Brennnesseln zugeben und mitkochen. Abgiessen.

2 Eine Schüssel mit heissem Wasser erwärmen. Nudeln, Frischkäse und Sbrinz darin mischen, mit Pfeffer abschmecken.

3 Nudeln anrichten, mit Olivenöl beträufeln.

Pasta

DIE KRAFT EINHEIMISCHEN SCHAFFENS

Wenn es die Teigwaren nicht schon seit mehreren Jahrtausenden gäbe, müssten sie schnellstens erfunden werden. Pasta lässt sich industriell in grossen Mengen herstellen: Mehl und Wasser sind die elementaren Bestandteile für jeden Nudelteig. Ein weiterer Vorteil ist, dass sie in getrocknetem Zustand lange haltbar sind. Italien gilt als Pasta-Hochburg. Ein grosser Teil der italienischen Produktion wird exportiert. Doch unsere einheimischen Teigwaren stehen den klingenden Namen aus dem Süden in nichts nach. Auch wenn sie an einer Hand abzuzählen sind, dürfen wir stolz sein auf die innovativen Hersteller, zu denen der Kernser Familienbetrieb Röthlin gehört. Vielleicht ist das der Grund, weshalb die Schweizer – nach den Italienern – zu den grössten Pasta-Liebhabern gehören.
www.kernser-pasta.ch

Reis mit Lauch und Emmentaler AOP

MAN NEHME, WAS VORRÄTIG IST

Den Reis haben die italienischen Gastarbeiter mitgebracht. Längst ist er in jedem Haushalt vorrätig. Käse meistens auch. Der Lauch wächst vielleicht sogar im eigenen Garten. Sicher ist er das ganze Jahr auf dem Markt oder in der Gemüseabteilung im nächsten Laden erhältlich. Das Gericht ist einfach und schnell zubereitet und sättigt gut. In unserem Haushalt wetteiferten die Kinder, wer die längsten Emmentaler-Käsefäden ziehen kann – sehr zum Verdruss der Mutter, die Wert auf Tischmanieren legte.

1 EL Öl – 1 kleine Zwiebel, klein gewürfelt – 1 Knoblauchzehe, klein gewürfelt – 200 g Langkornreis – 1 ½ dl Weisswein – 3 ½ dl Wasser – 1 EL Öl – 400 g Lauch – Gemüsebouillonpulver – frisch gemahlener Pfeffer – 100 g Crème fraîche – 100 g geriebener Emmentaler AOP

1 Zwiebeln und Knoblauch im Öl andünsten, Reis mitdünsten, mit Weisswein und Wasser ablöschen, bei schwacher Hitze al dente kochen.

2 Grobfasrige Teile beim Lauch entfernen, längs aufschneiden und Hälften in Streifen schneiden, im Öl knackig dünsten. Unter den Reis mischen, kurz köcheln lassen, mit Gemüsebouillonpulver und Pfeffer würzen.

3 Crème fraîche und Emmentaler unter den Reis rühren.

TIPP Mit gebratenen Zwiebelringen garnieren.

Emmentaler AOP

EINER DER BERÜHMTESTEN SCHWEIZER EXPORTARTIKEL

Wenn Sie das nächste Mal Emmentaler Käse kaufen, sollten Sie auf die «Geschützte Ursprungsbezeichnung» (GUB) achten, besser bekannt unter der französischen Abkürzung AOP (Appellation d'Origine Protégée). Produkte mit diesem Label haben einen historischen Bezug zur Herkunft und sind nach althergebrachtem Wissen produziert worden. Sie unterliegen strengen Anforderungen bezüglich Herkunft, Herstellung und Qualität. Nur Käse, der dieses Pflichtenheft erfüllt und 18 von 20 möglichen Taxationspunkten erhalten hat, kann als Emmentaler AOP verkauft werden. Auch wenn der Emmentaler viel Konkurrenz hat, verteidigt er seinen Ruf als «König unter den Käsen» erfolgreich. Immerhin gehört er zusammen mit der Schokolade noch immer zu den berühmtesten Schweizer Exportartikeln.
www.emmentaler.ch

Marroniragout mit Salbei

ÄHNLICH UND DOCH ANDERS

Es muss nicht immer Fleisch sein, und Marroni müssen nicht nur Beilage sein, das beweist dieses wunderbare mit Salbei gewürzte Ragout. Vom Mittelalter bis ins vorletzte Jahrhundert gehörten die wärmeliebenden Edelkastanien zu den Hauptnahrungsmitteln grosser Teile der Landbevölkerung, vom gebirgigen Mittelmeerraum bis zum Alpensüdrand. So entstanden viele einfache Rezepte, die sich ähnlich sind, ob sie nun aus dem Südtirol, der Ardèche, aus Sardinien oder dem Tessin stammen. Marroni sind fettarm und mehlig in der Konsistenz, nussig und leicht süsslich im Aroma und lassen sich – ganz, als Flocken oder gemahlen – auf vielfältige Weise in der Küche einsetzen.

4 EL Olivenöl – 2 kleine Zwiebeln – 30 Salbeiblätter – 300 g gedörrte Marroni – ¾ l Milch – Kräutermeersalz – frisch gemahlener Pfeffer

1 Marroni über Nacht in kaltem Wasser einweichen. Einweichwasser weggiessen. Dunkle Stellen und Trennhäutchen entfernen.

2 Zwiebeln fein hacken. Salbeiblätter in Streifchen schneiden.

3 Zwiebeln im Öl andünsten, Salbei und Marroni kurz mitdünsten. Milch aufgiessen, würzen und bei schwacher Hitze köcheln lassen, bis die Marroni weich sind. Möglichst nicht rühren, damit die Früchte ganz bleiben. Eventuell Milch nachgiessen. Das Ragout darf nicht trocken sein.

MAHLZEIT Mit Gemüse und Salat servieren.

La Pinca

VON DER ARMELEUTE-KOST ZUR DELIKATESSE

«La Pinca» ist eine echte Tessinerin. Die typische Edelkastaniensorte aus dem Malcantone gab dem seit 1998 auf die Kultur und Veredelung dieser alten Frucht spezialisierten Betrieb seinen Namen. Die Kastanien werden in den Tessiner Tälern ohne jegliche chemisch-synthetische Hilfsmittel kultiviert. Sie ist eines der wenigen basenbildenden Stärkeprodukte (im Gegensatz zum Getreide, das immer säurebildend ist). Die Frucht ist reich an Kalium. Weil sie kein Klebereiweiss enthält, eignet sie sich auch bei Glutenunverträglichkeit. Auf traditioneller Basis und ohne künstliche Zusatzstoffe hat «La Pinca» eine abwechslungsreiche Palette von Kastanienprodukten entwickelt, welche den modernen Ernährungsgewohnheiten entgegenkommt.
Kastanien-Spezialitäten Müllauer, Dübendorf:
www.lapinca.ch

Maisgratin mit Spinat

«INKAGOLD» IN HEIMISCHEN KOCHTÖPFEN

Der Blick von der engen Tessiner Gasse in die dämmrige, nur vom Schein des offenen Feuers erhellte Küche gehört zu den allerfrühesten Kindheitserinnerungen. Mit fast meditativen Bewegungen rührte eine alte, schwarzgekleidete Frau im Kupferkessel, der magische Genüsse versprach. Polenta hiess das Zauberwort. Das tönt schöner als «Maisbrei». Und am Granittisch unter der Pergola schmeckte sie auch viel besser als der Maisgriess, der zu Hause auf dem Elektroherd gekocht wurde. Polenta gehört im Tessin und in Norditalien zu den traditionsreichsten Zubereitungsformen. Früher gab es sie kalt zum Zmorge, zusammen mit Konfi und Milch. Am Mittag wurde der feste Brei in Scheiben geschnitten und knusprig gebraten. Polenta ist noch heute mehr als eine fade, trockene Beilage und schmeckt auch ohne Saucenfleisch.

1 dl Milch – 2½ dl Gemüsebouillon – 160 g feiner Maisgriess – 2 EL Rapsöl – 2 mittelgrosse Karotten – 300 g erntefrischer, zarter Spinat – 1 dl Gemüsebouillon – 2 Eier, Eigelb und Eiweiss getrennt – gehackter Thymian oder Salbei oder Majoran – 4 EL geriebener Sbrinz – frisch gemahlener Pfeffer – 200 g Sauerrahm

1 Milch mit Gemüsebouillon aufkochen, Maisgriess einrieseln lassen. Bei schwacher Hitze unter häufigem Rühren 5 Minuten köcheln lassen, auf der ausgeschalteten Wärmequelle zugedeckt ausquellen lassen.

2 Karotten schälen und auf der Röstiraffel reiben, im Rapsöl andünsten, mit Gemüsebouillon ablöschen, knackig garen. Spinat die letzten 3 Minuten mitdünsten.

3 Eiweiss zu Schnee schlagen.

4 Polenta, Gemüse, Eigelbe, Kräuter und Sbrinz vermengen, mit Pfeffer würzen. Sauerrahm unterrühren, Eischnee unterheben. In eine eingefettete Gratinform füllen.

5 Maisgratin in der Mitte in dem auf 180 °C vorgeheizten Backofen 35 bis 40 Minuten backen.

Mais

FARBSPIELEREIEN MIT TESSINER POLENTAMAIS

Seit Jahrhunderten spielt Mais im Tessin eine wichtige Rolle in der Ernährung. Heute werden vermehrt Sorten angebaut, die sich durch ihre Farben und ihr Aroma unterscheiden. Eine richtige Renaissance erlebt der «Rosso del Ticino», eine alte Tessiner Landsorte. Aus dem Korn mit granatroter Schale und gelbem Inhalt entsteht hübsch gesprenkelter Polentagriess. Eine wundersame Verwandlung macht auch der schwarze «Corvina» durch. Die alte, aus Galizien stammende Sorte wird in jüngster Zeit ebenfalls vermehrt angebaut. Beim Kochen nimmt das Mehl eine violette Farbe an. Der delikate weisse Mais stammt aus dem Veneto. Er harmoniert mit Fisch und Geflügel. In der vegetarischen Küche wird er mit Gemüse kombiniert. Am bekanntesten ist der gelbe Polentamais, der in der traditionellen Tessiner Küche oft zu Ossobucco oder Ragù serviert wird.

FLEISCHGERICHTE

Basler Laubfrösche

GEFÜLLT, GEWICKELT UND GESCHMORT

Prinzessinnen müssen Frösche küssen, damit diese zu Prinzen werden. Weil wir keine Prinzessinnen sind, beissen wir genüsslich in die «Basler Laubfrösche» und fühlen uns wie Königinnen. Natürlich teilen wir diese Delikatesse gern mit unseren «Prinzen». Gemeinsam tafeln ist nämlich ein königliches Vergnügen. Selbst dann, wenn es sich, wie bei diesem Gericht «nur» um ganz gewöhnliche Hackfleisch-«Tötschli» handelt, die in Mangold- oder grosse Spinatblätter eingewickelt und im Backofen geschmort werden. Das «Urheberrecht» der «Laubfrösche» wird nicht nur von den Baslern beansprucht, sondern auch von den Zürchern. Der Rest der Schweiz begnügt sich mit gewöhnlichen Krautwickeln. Das ist die währschafte, bereits im Mittelalter bekannte Wickel-Variante mit Kabis-/Kohlblättern.

20 grosse Mangoldblätter – 400 g gehacktes Schweinefleisch – 1½ Weggli, klein gewürfelt – 1 grosse Zwiebel, klein gewürfelt – 1 EL fein gehackte Petersilie – Salz – frisch gemahlener Pfeffer – 2 EL HOLLRapsöl – je ½ dl Weisswein und Gemüsebouillon

1 Mangoldblätter in viel Wasser blanchieren, abgiessen, zum Trocknen einzeln auf Küchentücher legen.

2 Backofen auf 200 °C vorheizen.

3 Hackfleisch, Weggli, Zwiebeln und Petersilie gut mischen, mit Salz und Pfeffer würzen.

4 Hackfleisch portionieren, Kugeln formen und diese in die Mangoldblätter einwickeln.

5 Das Rapsöl in ein Bratgeschirr geben und im Ofen erwärmen. Laubfrösche nebeneinander in die Form legen, mit Salz bestreuen, 30 Minuten bei 200 °C braten, häufig mit der Weisswein-Bouillon-Flüssigkeit beträufeln. Laubfrösche einmal wenden.

VARIANTEN Fleisch mit Weinbeeren und/oder fein gewürfeltem Knoblauch anreichern.

Schweizer Rapsöl

GESUNDHEIT UND GENUSS AUS EINHEIMISCHEN ÖLQUELLEN

Mit seiner goldenen Farbe und dem feinen, nussartigen Aroma eignet sich das Rapsöl für Salatsaucen, Mayonnaise, Marinaden sowie zum sanften Dünsten und Garen von Gemüse, Fisch und Fleisch. Bei hohen Temperaturen werden die essentiellen Fettsäuren zerstört. Deshalb wird zum Anbraten und Frittieren das HOLLRapsöl (High Oleic Low Linolenic) empfohlen. Es wird aus speziell gezüchteten Rapssorten hergestellt, die sich für die Herstellung von hitzebeständigem Öl eignen. Um den Anbau und die Vermarktung dieser einheimischen Produkte zu optimieren, haben die Vertreter der Raps-Wertschöpfungskette vor kurzem den Verein Schweizer Rapsöl VSR gegründet.
www.raps.ch

Aargauer Braten mit Dörrzwetschgen

ZWETSCHGEN UND SCHWEINEFLEISCH: HARMONIE PUR

Ein scharfes, spitzes Messer brauchte es, um die Dörrzwetschgen im Schweinsbraten zu verstecken. Unsere Grossmutter hatte das Rezept für den «Aargauer Braten» in akkurater Schrift in einem Schulheft festgehalten, das mit der Zeit ziemlich abgegriffen aussah. Der Schweinshalsbraten mit Dörrzwetschgen ist ein typisches Aargauer Festgericht. Traditionell wird es mit Kartoffelgratin und Bohnen serviert, alles Produkte aus Stall, Haus- und Obstgarten, die in kleinbäuerlichen Strukturen zur Selbstversorgung gehörten. Dass es im Fricktal eine Genossenschaft geben soll, welche die bescheidenen Anteilscheinszinsen jeweils in Form eines feinen «Aargauer Braten»-Essens auszahlt, verwundert nicht: Die «Jurapark»-Landschaft ist ja nicht nur für ihre Kirschen bekannt, sondern auch für besonders aromatische Zwetschgen.

800–1000g Schweinshals – 100g entsteinte Dörrzwetschgen – 2EL Öl – Salz – frisch gemahlener Pfeffer – Paprikapulver – 2 Karotten – ½ kleiner Knollensellerie – 1 kleine Zwiebel, mit Lorbeerblatt und Gewürznelken besteckt – 1–2dl Weisswein – 2–3dl heisses Wasser – Fleischbouillonpulver

1 Schweinshals mit einem spitzen, scharfen Messer gleichmässig 2 bis 4cm tief einschneiden. Dörrzwetschgen in die Einschnitte drücken. Oder den Braten vom Metzger spicken lassen. Aus Öl, Salz, Pfeffer und Paprika eine Marinade rühren, Schweinshals damit einpinseln. Fleisch mindestens 1 Stunde zugedeckt bei Zimmertemperatur marinieren.

2 Karotten und Sellerie schälen und in Stäbchen schneiden.

3 Schweinshals im Brattopf anbraten, Gemüse und besteckte Zwiebel zugeben und andünsten, mit Weisswein ablöschen und ein wenig einkochen lassen. Wasser zugeben, aufkochen, mit Fleischbouillonpulver, Salz und Pfeffer nachwürzen, bei schwacher Hitze 1½ Stunden schmoren lassen. Braten von Zeit zu Zeit wenden und mit der Sauce übergiessen. Schweinshals 10 Minuten auf der ausgeschalteten Herdplatte zugedeckt ruhen lassen.

4 Schweinshals in Scheiben schneiden, mit dem Gemüse und wenig Sauce anrichten.

TIPP Gut zum Braten passen ein Kartoffelgratin und gedünstete grüne Bohnen.

Bio-Fleisch

VERTRAUENSWÜRDIGE LEBENSMITTEL

Wenn schon Fleisch, dann wollen immer mehr Konsumenten wissen, ob die Tiere ein gutes Leben hatten, bevor sie auf der Schlachtbank endeten. Fidelio – der Name für Bio-Fleisch – wurde mit Bedacht gewählt. Frei übersetzt bedeutet es «zuverlässig», «vertrauenswürdig». Die Organisation Fidelio ist eine zuverlässige Partnerin beim Aufbau von Vermarktungsstrukturen für das Schlachtvieh, das aus kontrollierten Bio-Betrieben mit Freilandtierhaltung stammt. Das «fidelio»-Label ist Garant, dass die Aspekte des biologischen Landbaus und der am strengsten kontrollierten, artgerechten Tierhaltung in der Schweiz eingehalten werden: Der Weg vom Bauernhof über den Schlachthof bis zum dressierten Fleischstück in der «fidelio»-Metzgerei ist reglementiert und kontrolliert.

www.fidelio.ch

Appenzeller Gitzi im Bierteig

HERBSTGITZI SIND BESSER

Ziegen galten lange als «Kuh des armen Mannes». Der Doppelnutzen von Milch und Fleisch half vielen Kleinbauernfamilien über die Runden. Heute wird «Gitzifleisch» als Spezialität gehandelt und Gastronomen haben überlieferte Rezepte neu entdeckt. Es gibt nämlich nicht nur den traditionellen «Ostergitzibraten», bei dem wenig Fleisch am Knochen ist. Richtig verarbeitet, schmeckt auch das Fleisch von älteren Tieren. Wichtig ist, dass alles Fett weggeschnitten wird, das für den als «böckele» bezeichneten Geschmack verantwortlich ist. Anders als die Frühlingsgitzi, die ausschliesslich Milch erhalten, werden die im Herbst gemetzgeten Geissen auf kräuterreichen Weiden gehalten. Kenner schätzen den aromatischen Geschmack des roten, fettarmen und feinfaserigen Fleisches mit der feinen Wildnote.

1 kg Gitzifleisch, Ragout – 1 Karotte, gewürfelt – wenig Knollensellerie, gewürfelt – wenig Lauch – 1 Zwiebel, gewürfelt – 1½ l Gemüsebouillon – ½ dl Weisswein – 1 Kräutersträusschen: Thymian, Rosmarin, Majoran – 2 Lorbeerblätter – **Bierteig** 120 g Weissmehl – 1 dl Bier – 2 Eigelbe – Salz – frisch gemahlener Pfeffer – Muskatnuss – 2 Eiweiss – Mehl, zum Bestäuben – Öl, zum Frittieren

1 In einem grossen Kochtopf reichlich Wasser erhitzen, Ragout zugeben und blanchieren. Abgiessen. Alle Zutaten in den Kochtopf geben, aufkochen, Fleisch bei schwacher Hitze garen. In der Bouillon erkalten lassen.

2 Mehl, Bier und Eigelbe zu einem Teig rühren, würzen. Teig tüchtig klopfen, bis er Blasen wirft. Eiweiss steif schlagen und unterziehen.

3 Fleischwürfel aus dem Sud nehmen und mit Küchenpapier trocknen, mit Mehl bestäuben und im Bierteig wenden. Im heissen Öl goldgelb backen.

Ziegenfleisch

Geissen gehören zu den ältesten domestizierten Tieren. In Hügel- und Berggebieten werden sie heute oft als «Landschaftsgärtner» eingesetzt. Gut ein Drittel der zehn anerkannten Schweizer Rassen ist in den Herdenbüchern des Schweizerischen Ziegenzuchtverbands (SZZV) und der ProSpecieRara eingetragen. Appenzellerziegen, Bündner Strahlenziegen, Capra Grigia, Nera-Verzasca-Ziegen, Pfauenziegen, Schwarz- und Kupferhalsziegen gelten als gefährdet. Im «Kulinarischen Erbe der Schweiz» sind drei regionaltypische Produkte aufgeführt: die Tessiner Spezialitäten Violino di capra (getrockneter Schlegel) und Cicitt (Wurst aus Ziegenfleisch) sowie die Urner Hauswurst (Rohwurst aus Kuh-, Schweine-, Ziegen- und/oder Hirschfleisch).

Rindschmorbraten

BRATEN MIT ABSOLUTER GELING-GARANTIE

Mit einem Schmorbraten kann eigentlich nichts schiefgehen. Deshalb gehört er zu den «pièces de résistance» in meiner Küche. Das Fleisch wird am Morgen im Gusseisentopf angebraten, mit Flüssigkeit abgelöscht, Zugemüse dazu – und ab in den Backofen. Da schmort das Gericht nun bei kleinster Hitze bis zum Mittagessen. Wichtig ist für mich die vertrauenswürdige Herkunft des Fleisches. Am besten fährt, wer die Produkte direkt beim Bauern einkauft. Die persönliche Wertschätzung ist ein grosses Anliegen von Markus und Regula Hauenstein-Hess vom Loohof in Endingen. Zu den wichtigsten Standbeinen ihres Landwirtschaftsbetriebs gehört die umweltfreundliche und tiergerechte Fleischproduktion. Natura-Beef, SwissPrimBeef aus Mutterkuhhaltung sowie Schweine-, Truten- und Gänsefleisch können online bestellt werden. www.loohof.com

2 EL Senf – 1 TL grob gemahlener Pfeffer – 1 Msp Salz – 2 EL Cognac – 2 EL Öl – 1 kg Natura-Beef von der Schulter – 1 Bouquet garni: 2 kleine Karotten, 1 kleiner Lauch, wenig Knollensellerie – 1 EL Tomatenpüree – 3 dl Rotwein – 2 dl Fleischbouillon – 2 Gewürznelken – 1 Lorbeerblatt – Salz – frisch gemahlener Pfeffer – Thymian – Paprika – 30 g Butter

1 Für die Marinade Senf, Pfeffer, Salz, Cognac und Öl verrühren. Rindsbraten einstreichen. In Alufolie einwickeln und über Nacht im Kühlschrank marinieren.

2 Backofen auf 180 °C vorheizen.

3 Für das Bouquet garni Karotten und Knollensellerie schälen und in Stücke schneiden. Grobfasrige Teile beim Lauch entfernen, in Stücke schneiden.

4 Rindsbraten im Bräter im heissen Öl rundum kräftig anbraten, Bouquet garni und Tomatenpüree zugeben und kurz mitdünsten, mit Rotwein ablöschen, bei schwacher Hitze auf die Hälfte einkochen lassen. Fleischbouillon, Nelken und Lorbeerblatt zugeben. Würzen.

5 Bräter zugedeckt in den Ofen schieben und den Rindsbraten bei 180 °C 1½ bis 2 Stunden schmoren, öfter wenden. Schmorbraten warm stellen.

6 Sauce in ein Pfännchen passieren und auf die gewünschte Konsistenz einkochen lassen. Mit Butter aufmixen.

7 Braten aufschneiden, auf vorgewärmten Tellern anrichten, mit der Sauce begiessen.

TIPP Mit Kartoffelstock oder Nudeln servieren.

Wein

EINE HARMONISCHE PAARUNG

Die Sauce ist's, die dem Schmorbraten höhere Weihen beschert. «Schmorbraten ohne Sauce wäre ein Verbrechen gegen die Kochkunst», schreibt Hervé This-Benckhard in seinem Buch «Rätsel der Kochkunst». Neben Gemüse, Kräutern und Gewürzen ist der Wein ein wichtiger Bestandteil der guten Schmorbratensauce. Mit einem kraftvollen, tanninreichen Wein vermählen sich der süsse Geschmack, der vom langen Schmoren kommt, und die leichte Röstnote der Rindsbrühe aufs Schönste. Dabei darf man mit Freude zu einheimischen Gewächsen greifen, wie sie in den Rebbergen in Villnachern und Remigen gedeihen. Diese werden von Weinbau Hartmann AG umweltschonend gepflegt und nach den strengen Richtlinien von Vinatura zu hochstehenden Rebensäften ausgebaut.
www.weinbau-hartmann.ch

Bologness mit Baumnüssen

KRAFTSPENDER FÜR KOPF UND KÖRPER

Punkto Küchenexperimenten ist sich mein Mann allerhand gewöhnt. Als das «Gehackte mit Baumnüssen» zum ersten Mal auf den Tisch kam, verzog er die Miene. Möglicherweise war die Baumnussmenge etwas grösser als im Rezept angegeben und vielleicht wurde sie etwas zu lange mitgekocht. Und statt mit weissem wurde die Bolognese mit rotem Wein abgelöscht. Jedenfalls hatte sie eine bräunliche Farbe. «Hat's da Blutwurst drin?», fragte er und vertilgte eine grosse Portion, bevor er des Rätsels Lösung erfuhr. Nüsse haben einen extrem hohen Eiweissgehalt: Sie enthalten zwischen 15 und 20 Prozent Eiweiss, Roastbeef dagegen knapp 10 Prozent. Der Fettgehalt von 50 bis 65 Prozent besteht vor allem aus ungesättigten, herz- und kreislauffreundlichen Fettsäuren. Kein Wunder, ziehen Vegetarier Nüsse dem leicht verderblichen Fleisch vor.

3 EL Olivenöl – 1 kleine Zwiebel, klein gewürfelt – 1 Bund Petersilie, Blättchen abgezupft und fein gehackt – 400 g gehacktes Rindfleisch oder halb Rind-/halb Schweinefleisch – 1½ dl Weisswein – 1½ dl Fleisch- oder Gemüsebouillon – 100 g Tomatenmark – 100 g gehackte Baumnüsse – Kräutersalz – frisch gemahlener Pfeffer

Zwiebeln und Petersilie im Olivenöl andünsten, Hackfleisch zugeben, anbraten, mit Weisswein und Fleischbouillon ablöschen, Tomatenmark unterrühren, etwa 30 Minuten köcheln lassen, je nach Konsistenz mit Bouillon verdünnen. Baumnüsse unterrühren, mit Kräutersalz und Pfeffer abschmecken.

TIPP Mit Kartoffelstock servieren.

Baumnuss

EINE KERNIGE ANGELEGENHEIT

Anfangs lachten die Schüler ihren Aushilfslehrer aus. Dann waren sie begeistert: Botanik lernten sie in der Natur; gerechnet wurde mit Baumnüssen. Er liebte Nussbäume und forderte die Schulpflege auf, solche auf dem Pausenplatz anzupflanzen. Er wusste, dass Nüsse Hirnnahrung sind und dass sie im Herbst gern von Gross und Klein gesammelt und geknackt werden. Doch Baumnüsse sind nicht nur beliebt als Zwischenverpflegung. Sie sind auch in süssem oder salzigem Gebäck und in Broten zu finden. Oder als Fleischersatz, wie in nebenstehendem Rezept. Inzwischen gibt es sogar Unternehmen, die Baumnussprodukte herstellen, die als Delikatessen vermarktet werden. www.nussbaeume.ch

Gämspfeffer

EINHEIMISCHES WILD ...

Die Schweizer Jagd kann die Nachfrage nach Wild nur zu einem Viertel decken. Der Rest wird importiert. Wer Wild mag, muss seiner Leidenschaft in einem guten Restaurant frönen oder einen Jäger oder eine Jägerin zu seinen Freunden zählen. Schwierig wird es, wenn man Wert auf Steinwild legt: Gewähr für einheimisches Wild bietet die Metzgerei Curschellas SA in Sedrun. Gegen 200 Wildtiere werden hier jedes Jahr fachgerecht zerlegt. Die in vierter Generation geführte Metzgerei bietet nicht nur Frischfleisch, Bündner Trockenwurst- und Trockenfleischspezialitäten an, sondern auch hausgemachte, vorgekochte Produkte, die nur noch aufgewärmt werden müssen. Dazu gehören die feinen Hirsch-, Reh- und Gämspfeffer, die während der Saison online bestellt werden können.
www.sedruner-fleisch.ch

2kg Gämsfleisch, Ragoutstücke – wenig Knollensellerie, geschält, zerkleinert – 1 Karotte, geschält, zerkleinert – 1 Zwiebel, halbiert, mit Lorbeerblatt und Nelken besteckt – 6 Wacholderbeeren – 1l kräftiger Rotwein – ½dl Rotweinessig – 50g Bratbutter – Salz – frisch gemahlener Pfeffer – Thymian und Majoran – 2EL Mehl – 1 Prise Zucker

1 Fleisch, Gemüse, Zwiebel, Wacholderbeeren, Rotwein und Rotweinessig in eine grosse Schüssel geben, 3 bis 5 Tage zugedeckt beizen.
2 Fleisch aus der Beize nehmen und mit Küchenpapier trocknen.
3 Bratbutter in einem grossen Topf erhitzen, Fleisch darin kräftig anbraten. Beize zugeben, aufkochen. Das Fleisch soll mit der Flüssigkeit bedeckt sein, eventuell noch mehr Rotwein zugeben. Mit Salz, Pfeffer, Thymian und Majoran würzen. Mehl in einer Gusseisenpfanne trocken rösten, zum Fleisch geben. Zugedeckt 1½ bis 2 Stunden schmoren lassen. Fleisch aus der Sauce nehmen und warm stellen. Sauce durch ein Spitzsieb passieren, Zucker zugeben, eventuell nachwürzen, Sauce wieder zum Fleisch geben.

Blauburgunder

... UND DER BESTE «KOCH»-WEIN

Zu einem Wildpfeffer passt ein guter Tropfen Wein. Zum Beispiel ein wunderbarer Blauburgunder aus der Bündner Herrschaft. Die zum Scadenagut in Malans gehörenden Reben gedeihen auf den kalkreichen Schieferböden des Rhätikon-Massivs. Sie werden von Winzermeister Peter Wegelin im hofeigenen Weinkeller zu sortentypischen, charaktervollen Weinen ausgebaut, die die Fachwelt immer wieder begeistern. Die Empfehlung von Spitzenköchen, den gleichen Wein zum Kochen zu nehmen, der später zum Essen kredenzt wird, gilt wohl auch für die Wildbeize. Beim Reduzieren der Sauce werden die Wein- und Gewürzaromen verstärkt und geben dem Gericht eine spezielle Note.

www.malanser-weine.ch

Chügelipastetli

EIN PRUNKSTÜCK AUF DEM TELLER

Die Chügelipastete gehört zu Luzern wie das «Gschnätzlete» zu Zürich. Sie ist ein Traditionsessen, dessen Wurzeln bis ins 18. Jahrhundert zurückreichen. Die original Luzerner Chügelipastete ist so gross, dass davon sechs bis acht Personen satt werden. Das hübsch verzierte, goldbraun gebackene «Haus» aus Blätterteig ist ein Kunstwerk – fast zu schade zum Aufessen. Die klassische Füllung besteht aus Brät vom Kalb und Schwein, das zu Chügeli geformt wird. In die Füllung gehören auch in Würfelchen geschnittenes Kalbfleisch, Pilze und in Hochprozentigem marinierte Weinbeeren. Die Herstellung des «Pastetenhauses» ist recht anspruchsvoll, doch die Chügelifüllung schmeckt auch in kleineren, fertig gekauften Pastetli.

8 Blätterteigpastetli – **Weisse Sauce** 60 g Butter – 60 g Zwiebeln, klein gewürfelt – 1 Knoblauchzehe, klein gewürfelt – 2 EL gehackte Petersilie – ½ Zitrone, abgeriebene Schale – 40 g Weissmehl – 2 dl Weisswein – 3 dl Gemüsebouillon – Salz – frisch gemahlener Pfeffer – **Brätchügeli** je 100 g Kalbs- und Schweinsbrät – 1 Msp Majoranpulver – 3 dl Gemüsebouillon – 50 g Butter – je 200 g Schweins- und Kalbfleisch, klein gewürfelt – 50 g Zwiebeln, klein gewürfelt – 1 dl Weisswein – 100 g Champignons, in feinen Scheiben – Salz – frisch gemahlener Pfeffer – Muskatnuss – 2 dl Rahm

1 Für die weisse Sauce Zwiebeln, Knoblauch, Petersilie und Zitronenschale in der Butter andünsten, Mehl darüberstäuben und mitdünsten, mit Weisswein und Gemüsebouillon ablöschen, 10 Minuten köcheln lassen, mit Salz und Pfeffer abschmecken.

2 Für die Brätchügeli das Brät mit Majoran würzen, Kügelchen formen, in der Gemüsebouillon 10 Minuten ziehen lassen, mit dem Schaumlöffel herausnehmen. Fleischwürfelchen in der Butter anbraten, Zwiebeln mitdünsten, mit Weisswein ablöschen, 10 Minuten köcheln lassen. Champignons zugeben, würzen, Rahm beifügen, etwa 30 Minuten köcheln lassen. Brätchügeli und Sauce zugeben, erhitzen.

3 Pastetchen bei 160 °C erwärmen.

4 Füllung in die Pastetchen füllen.

Pastetchen

VOM FRANZÖSISCHEN HOF ABGEKUPFERT

Der erste schriftliche Hinweis auf diese Spezialität stammt aus dem 18. Jahrhundert. Vermutlich wurde das Rezept nicht am «heimischen Herd» kreiert, sondern von Luzerner Offizieren mitgebracht, die in französischen Diensten standen. Heute sind nicht nur die «Chügeli» fixfertig zu kaufen, sondern auch Blätterteigpastetli in kleinerer Form. Übrigens bäckt die Emmentaler Backwaren Freudiger AG als einzige Schweizer Firma noch Pastetli aus besten, natürlichen Rohstoffen und nicht nur in der klassischen runden, sondern auch in Herz- und Sternform.

www.emmentaler-backwaren.ch

Filet im Teig

EIN HERZOGLICHES MAHL

Das Filet im Teig gehört zu den kulinarischen Weihnachtsklassikern in der Schweiz. Ein Festessen, das es in sich hat: Das Filet wird mit einer aromatischen Farce bestrichen. Das Ganze wird in Blätterteig eingewickelt und knusprig gebacken. Für das Filet Wellington darf ausschliesslich Rindsfilet verwendet werden. Bei anderen Rezepten werden die Zutaten je nach Budget und Zeitaufwand variiert und das Filet kann vom Kalb, vom Schwein oder vom Rind stammen. Die Zubereitung ist zwar aufwändig, aber man kann sie schon am Vortag erledigen. Von einem versierten Küchenchef stammt der Rat, die Teigfläche, auf die das Filet gelegt wird, mit Paniermehl zu bestreuen. Dieses saugt allfällig austretende Flüssigkeit auf und sorgt dafür, dass die Teighülle nicht matschig wird.

2 EL Bratbutter oder Öl – 800 g Kalbs-, Rinds- oder Schweinsfilet – Salz – frisch gemahlener Pfeffer – 1 kleine Zwiebel, klein gewürfelt – 250 g Champignons, in Scheiben – 3 EL Cognac oder Madeira oder Sherry – 4–5 Petersilienzweiglein, Blättchen abgezupft und gehackt – 100 g Schinken, klein gewürfelt – 300 g Kalbsbrät – 750 g Blätterteig – 150 g Bratspeckscheiben – 1 Ei, getrennt

1 Filet in einer Bratpfanne in der heissen Bratbutter anbraten, mit Salz und Pfeffer würzen. Aus der Pfanne nehmen.

2 Zwiebeln in der Bratpfanne andünsten, Pilze mitdünsten, mit Cognac ablöschen, köcheln lassen, bis der Saft eingekocht ist. Abkühlen lassen. Petersilie, Schinken und Brät unter die Pilze mischen.

3 Blätterteig rechteckig und gross genug ausrollen, damit das Filet eingepackt werden kann. Speckscheiben quer und überlappend auf den Teig legen. Ein Drittel der Brätmasse in Längsrichtung auf dem Speck verteilen. Filet darauflegen, mit restlichem Brät zudecken. Teigränder mit verquirltem Eiweiss bestreichen, Schmalseiten über das Filet legen, Filet längs einwickeln. Mit dem Teigende unten auf ein mit Backpapier belegtes Blech legen. Aus den Teigresten Sterne und Herzen ausstechen oder Streifen schneiden, Filet damit verzieren. Mit Eigelb bestreichen. Teig mit der Gabel ein paar Mal einstechen.

4 Filet auf der untersten Schiene in den auf 200 °C vorgeheizten Ofen schieben und 30 bis 40 Minuten backen. Im ausgeschalteten Ofen bei geöffneter Türe 10 Minuten ruhen lassen.

5 Filet in 2 bis 3 cm dicke Scheiben schneiden. Auf vorgewärmten Tellern anrichten.

Angusrinder

FLEISCH VON GLÜCKLICHEN RINDERN

Das Filet Wellington wurde nach Arthur Wellesley, dem ersten Herzog von Wellington, benannt. Dieser besiegte 1815 den Franzosenkaiser Napoleon I. in der Schlacht bei Waterloo. Der Herzog war englisch-irischer Abstammung. Der Stammbaum der Angusrinder hat seine Wurzeln in Schottland. Die von Natur aus hornlose, extensive Fleischrasse, die auf dem Wendelinhof in Niederwil / AG gehalten wird, wurde vor gut hundert Jahren erstmals gezüchtet. Die Angus-Mutterkuhherde passt gut zum Wendelinhof, der seit über zwanzig Jahren nach Bio-Suisse- und KAG-Freiland-Kriterien bewirtschaftet wird. Geflügelmast und Ackerbau ergänzen den geschlossenen Kreislauf. Während der Vegetationszeit sind die Rinder permanent auf der Weide. Die heissen Sommermonate verbringen sie auf einer Alp im Glarnerland.
www.wendelinhof.ch

Ossobucco in Merlot

«KNOCHEN MIT LOCH»

Natürlich gab es am Familientisch immer Diskussionen, wer das «Loch im Knochen» ausschlürfen dürfe. Haxen, ob vom Kalb oder vom Rind, gehören zu den günstigsten Fleischstücken. Richtig zubereitet begeistern die «Beinscheiben» sogar Feinschmecker. «Ossobucco» heisst das Gericht bei den Italienern. «Alla milanese» gilt als die klassische Zubereitungsart. Unterdessen gibt es unzählige Variationen, die jedoch nur in kleinen Details voneinander abweichen. Weil die Südschweiz lange zum Herzogtum Mailand gehörte, hat sich selbstverständlich auch eine Tessiner Version eingebürgert. Der grösste Unterschied ist, dass manche Rezepte weissen Wein zum Schmoren empfehlen. Das Tessiner Rezept schreibt Rotwein vor, da südlich des Gotthards vor allem Merlot angebaut wird.

2 EL Öl – 4 Kalbshaxen – 1 grosse Zwiebel, grob gewürfelt – 4 mittelgrosse Karotten – 4 Spross Stangensellerie – Salz – frisch gemahlener Pfeffer – Rotwein – 500 g Tomaten aus Dose oder Glas – 1 Zitrone, wenig abgeriebene Schale

1 Karotten schälen und in 5 bis 8 cm lange Stäbchen schneiden. Stangensellerie in 5 bis 8 cm lange Stücke schneiden.

2 Kalbshaxen in einem Brat-/Schmortopf im Öl rundum kräftig anbraten, Zwiebeln, Karotten und Stangensellerie zugeben und mitdünsten, mit Salz und Pfeffer würzen, wenig Rotwein zugeben, Kalbshaxen bei schwacher Hitze 15 bis 20 Minuten schmoren. Stielansatz bei den Pelati entfernen, Tomaten grob zerkleinern, in den Topf geben, weitere 25 Minuten schmoren, mit Zitronenschale abschmecken, weitere 60 Minuten schmoren. Wichtig: Die Kalbshaxen bei kleinster Hitze schmoren.

TIPP Mit Polenta servieren. Dazu 1 Liter Salzwasser aufkochen. 250 g Maisgriess einrieseln lassen, Polenta bei schwacher Hitze unter häufigem Rühren 60 bis 75 Minuten köcheln lassen. Mit Butter abschmecken.

Merlot

HOCHKARÄTIGE MERLOT-WEINE

Die im Tessin produzierten Weine brauchen den Vergleich mit der ausländischen Konkurrenz nicht zu scheuen. Nachdem Reblaus und Mehltau viele Reben vernichtet hatten, begann man um 1900 die resistente, aus dem Bordeaux stammende Sorte Merlot anzubauen. Diese macht noch heute über achtzig Prozent des Bestands aus. Der Qualitätswein, der daraus hergestellt wird, trägt die Bezeichnung «Appellation Ticino D.O.C. Merlot». Zu den Spezialisten in Sachen Merlot gehört der 1983 gegründete Weinbaubetrieb Delea in Losone. Zu den Perlen im Sortiment zählen die edlen, aus den aromenreichen Trauben alter Merlot-Weinstöcke gekelterten Carati-Jahrgänge. Diese Trauben gedeihen vor allem an privilegierten Nord- und Südlagen des Monte Ceneri und werden in der modernen Kellerei sorgfältig in Eichenfässern ausgebaut. www.delea.ch

Freiburger Lammragout

KÜCHENZAUBER MIT GÜNSTIGEN TEILEN VOM LAMM

Mit Schaffleisch könne sie nichts anfangen, behauptete meine Schwiegermutter. Als sie einmal zum «Sonntagsbraten» eingeladen war, rühmte sie das Fleisch in allen Tönen. Dass es vom Lamm war, hat sie erst später erfahren. Gigot und Nierstück gehören zu den besten Stücken und sind fast in jeder Metzgerei und beim Grossverteiler im Angebot. Das Vorurteil, es «böckele», trifft heute bei richtiger Tierhaltung kaum mehr zu. Schade, dass die minderen Stücke bei uns gering geschätzt werden. Aus diesen lassen sich günstige, bodenständige Ragout-Gerichte zaubern. Sollte das Schaffleisch trotzdem einmal etwas streng riechen, lässt sich der Geschmack mit Zwiebel oder Ingwer neutralisieren.

2 EL Öl – 1½ kg Lammragout – 1 besteckte Zwiebel – 1 Bouquet garni: 2 kleine Karotten, 1 kleiner Lauch, ¼ Knollensellerie – 2 Knoblauchzehen – Salz – frisch gemahlener Pfeffer – 1 EL Mehl – ½ l kräftiger Rotwein – evtl. Gemüsebouillon – 120 g getrocknete Weinbeeren

Lammragout im Öl anbraten, besteckte Zwiebel, Bouquet garni und Knoblauchzehen mitdünsten, mit Salz und Pfeffer würzen, mit Mehl bestäuben, mit Rotwein ablöschen. Bei schwacher Hitze 1 Stunde schmoren lassen. Je nach Flüssigkeitsstand wenig Gemüsebouillon zugeben. Weinbeeren unterrühren, Ragout weitere 30 Minuten schmoren lassen. Mit Salz und Pfeffer abschmecken.

Genügsames Schaf

Die kleinen Wiederkäuer sind willkommene Landschaftspfleger. Sie finden ihr Futter auf Wiesen, Weiden, hoch gelegenen Alpen und steilen Abhängen, also meist da, wo man das Rindvieh nicht weiden lässt. Schafe stellen kaum Anspruch an das Futter und trotzen jedem Wetter, im Sommer und im Winter.
Schafe werden primär für die Fleischproduktion gehalten. Schaf- oder Lammfleisch? Im Handel wird man primär Lammfleisch finden. Grundsätzlich hängt die Bezeichnung vom Alter des Tieres ab. Lammfleisch stammt von mindestens 4 Monate alten Tieren. Je nach Haltung und Rasse kann Lammfleisch auch von einjährigen Tieren stammen. Schaffleisch stammt in jedem Fall von älteren Tieren.

Hühnerhackbraten

GUTES VOM BESCHEIDENSTEN ALLER TIERE

Im «Buch von der guten Speise» (ca. 1350) findet sich das Rezept für einen Hackbraten aus Hühner- und Schweinefleisch, der mit Ingwer, Salz, Pfeffer, Wein und Honig gewürzt wurde. Ob das Fleisch zäh war, spielte bis vor wenigen Jahrzehnten keine Rolle: Hühner wurden gehalten, bis sie keine Eier mehr legten, und ihr Fleisch dann so lange gekocht, bis es gar war. Hühnerbouillon machte Könige und Bettler glücklich und als Heilmittel soll sie Todkranke wieder auf die Beine gebracht haben. Kein Wunder: Fleisch von Hühnern, jedenfalls von solchen, die noch Gras picken durften, enthält hochwertiges Eiweiss und viele Mineralstoffe. Der Theologe und Publizist Al Imfeld empfiehlt, Kohl in der Hühnerbrühe mitzukochen, um die heilenden Kräfte des Pflanzenreichs mit dem «bescheidensten aller Tiere» zu verbinden.

700g rohes Suppenhuhnfleisch – 2EL Bratbutter – 1 mittelgrosse Zwiebel, klein gewürfelt – 1 Knoblauchzehe, klein gewürfelt – 30g getrocknete Tomaten, klein gewürfelt – 2 Scheiben Weissbrot ohne Rinde, in Wasser eingeweicht – je 3 Majoran- und Thymianzweiglein, Blättchen abgezupft und fein gehackt – 4 Wacholderbeeren, fein zerstossen – 1 Ei – 1 dl Rahm – Salz – frisch gemahlener Pfeffer – 100g Röstgemüse: Zwiebel, Karotte, Knollensellerie, geschält, gewürfelt – 2dl brauner Kalbsfond

1 Fleisch durch den Fleischwolf stossen.

2 Zwiebeln und Knoblauch in der Butter andünsten, Tomaten zugeben und kurz mitdünsten, unter das Hackfleisch mischen. Weissbrot gut ausdrücken und zerpflücken, unter das Hackfleisch mischen. Kräuter, Gewürze, Ei sowie Rahm zugeben, gut kneten, abschmecken mit Salz und Pfeffer. Einen länglichen Laib formen. Auf ein eingefettetes Blech legen.

3 Hackbraten in der Mitte in den auf 200°C vorgeheizten Ofen schieben, etwa 10 Minuten braten, bis er eine Kruste hat, Temperatur stufenweise auf 180 bis 160°C zurückschalten, gleichzeitig Röstgemüse zugeben (es gibt der Sauce mehr Aroma). Nach 50 Minuten ist der Hackbraten gar, herausnehmen und auf ein Gitter mit Blech-Untersatz legen, bei 60°C warm stellen. Hackbraten vor dem Aufschneiden mindestens 10 Minuten ruhen lassen.

4 Das im Blech aufgefangene Fett und den Kalbsfond aufkochen, durch ein Tuch oder ein feines Haarsieb passieren, Sauce auf die gewünschte Konsistenz einkochen lassen, eventuell Kalbsfond nachgiessen, abschmecken.

TIPP Hackbraten mit Kartoffelstock servieren.

Hühnerfleisch

VOM «ABFALLHUHN» ZUR DELIKATESSE

Das Huhn ist zur Industrieware verkommen. Die Legehenne wird mit knapp einem Jahr «ausgemustert», weil ihre Leistung abnimmt und die Eierschalen dünner werden. Von diesen Tieren wird nur ein kleiner Prozentsatz als Suppenhuhn vermarktet. Grund ist die mangelnde Nachfrage, denn die Koch- und Essgewohnheiten haben sich in den letzten Jahrzehnten stark gewandelt. Verschiedene Produzenten- und Vermarktungsorganisationen setzen sich dafür ein, das Hühnerfleisch wieder salonfähig zu machen. Metzgereien und Detailhandel und auch Hofläden haben inzwischen verschiedenste Produkte aus Hühnerfleisch im Angebot: vom Hackfleisch über Bratwürste und Hamburger bis zum ganzen Suppenhuhn.

Krautpizokel

HANDGELENK X PI

Pizokel ist eines jener Rezepte aus der Bauernküche, bei denen es seit jeher kein Richtig oder Falsch gibt. Wichtig ist, dass es nährt und gut schmeckt. Ähnlich wie für Spätzli oder Knöpfli wird ein zähflüssiger Basisteig hergestellt. Dieser kann aus einer Getreidemischung oder Buchweizenmehl bestehen. Buchweizen wurde wegen seiner kurzen Vegetationszeit früher im Bünderland, vor allem im Puschlav, häufig angebaut. Der Gang durch den Garten, ganz der bäuerlichen Selbstversorgungstradition entsprechend, oder die eigene Kreativität bestimmen, mit welchen weiteren Zutaten die Pizokel angereichert werden. Das können Spinat, Kohl, Zwiebeln oder anderes Gemüse sein, das frisch geerntet werden kann. Manchmal wird die Teigspeise ganz einfach mit geröstetem Paniermehl (Brotverwertung) oder geriebenem Käse serviert.

Pizokel 500 g Weissmehl – 1 ½ dl Milch – ½ dl Wasser – 4 Eigelbe – 1 EL Quark – 1 EL Butter – 1 kleine Zwiebel, klein gewürfelt – 20 g Bündnerfleisch, klein gewürfelt – 1 kleiner Lauch (50 g), klein gewürfelt **Gemüse** 15 g Butter – 30 g Magerspeck, in Streifen – 1 Knoblauchzehe, durchgepresst – 1 Schalotte, klein gewürfelt – 100 g Wirz, in Streifen – 100 g Spinat, in Streifen – 2–3 dl Rahm – Salz – frisch gemahlener Pfeffer

1 Mehl, Milch, Wasser, Eigelbe und Quark glatt rühren. Zwiebeln, Fleisch und Lauch in der Butter dünsten, auskühlen lassen, unter den Teig rühren.

2 Wirz und Spinat blanchieren, in einem Sieb abtropfen lassen, ausdrücken. Speck, Knoblauch und Schalotten in der Butter andünsten, das Gemüse mitdünsten.

3 Pizokelteig in Portionen auf ein Brett geben, mit einem Spachtel in kochendes Salzwasser schaben. Sobald die Pizokel an die Oberfläche steigen, mit Schaumlöffel herausnehmen, in die Krautpfanne geben. Abschmecken. Rahm steif schlagen und unterziehen.

Bündner Spezialitäten

SO IST KOCHEN KINDERLEICHT

Wenn man Pizokel selber herstellt, lohnt es sich, mit der grossen Kelle anzurichten und gleich die doppelte oder vierfache Menge zu machen. Wer jedoch Arbeitsaufwand, Abwasch und Aufräumen in der Küche scheut, greift am besten zu den fertigen Bündner Pizokel nach dem Hausrezept der Familie Caprez. La Pasteria Fattoria stellt sie als «Pizokel nature» her: eine feine Beilage zu Fleisch oder zusammen mit Gemüse ein herrliches Vegi-Gericht. Gratin-Fans bestreuen sie mit Käse und überbacken sie im Ofen. Nur noch aufgewärmt werden muss die fixfertige «Pizokelpfanne». Ihre hohe Qualität verdanken die Produkte dem schonenden Herstellungsprozess. So ist Kochen kinderleicht und ökologisch vertretbar, weil La Pasteria mit lokalen Produzenten zusammenarbeitet und eine naturnahe Produktion unterstützt.
www.la-pasteria.com

FISCHGERICHTE

Spaghetti mit geräucherter Forelle

DAS «BLAUE WUNDER» VOM BLAUSEE

Es muss nicht immer Lachs sein. Forellen sind mindestens so fein. Vor allem, wenn es sich um Bio-Forellen aus dem Blausee handelt. Süsswasserfische sind kalorienarm und das Fleisch enthält hochwertiges, leicht verdauliches Eiweiss. Die Bio-Forellen und Bio-Lachsforellen aus der Blausee-Fischzucht werden zu einem guten Teil von den Köchen des romantischen Jugendstilhotels in exquisite Gaumenfreuden verwandelt. Sie stehen auch auf der Speisekarte einiger anderer Gastronomiebetriebe. Man kann sie zudem in ausgewählten Läden eines Grossverteilers kaufen und nach eigenem Gusto zubereiten: Es gibt unzählige Forellenrezepte. Und selbst wenn sie aus dem Blausee stammen, wollen wir sie nicht immer auf die klassische «blaue» Art oder «à la meunière» auf dem Teller haben.

300g Spaghetti – 4–6EL Olivenöl – 3 Knoblauchzehen, grob gewürfelt – 2–3EL gehackte glattblättrige Petersilie – 4 geräucherte Forellenfilets – frisch gemahlener Pfeffer

1 Spaghetti in reichlich Salzwasser al dente kochen.

2 Olivenöl nicht zu stark erhitzen, Knoblauch und Petersilie andünsten. Forellenfilets grob zerpflücken, in die Pfanne geben und erwärmen. Abgetropfte Spaghetti zugeben, vermengen und erwärmen. Mit Pfeffer abschmecken. Sofort servieren.

Forellen

FORELLENZUCHT IM ALPINEN NATURPARK

Es gibt wenige Fischzuchten, die das Bio-Label mehr verdient haben als die Blausee AG. Seit bald 140 Jahren werden hier Fische gezüchtet. 2001 hatte sie als erster Betrieb in der Schweiz alle Kriterien von Bio Suisse erfüllt. Hier stimmt einfach alles: Die tierfreundlichen Fliesswasserbecken mit schattigen Hinterwasserbereichen und Naturbecken werden von mineralstoffreichem Quell- und Grundwasser gespeist. Hier tummeln sich die Fische rund zwei Jahre im kristallklaren Wasser, bevor sie zur Bio-Delikatesse verarbeitet werden. Es gibt sie frisch oder schonend geräuchert, ganz oder als grätenfreie Filets, als Mousse oder fein gewürzte Terrine. Alle Produkte sind im Blausee-Shop und im Restaurant Blausee erhältlich. Sie können auch online bestellt werden.
www.blausee.ch

Zuger Albeli mit Kräutern

DER «BROTFISCH» VOM VIERWALDSTÄTTERSEE

Ernährungsfachleute empfehlen ein- bis zweimal Fisch pro Woche, denn Fisch ist fettarm und enthält leicht verdauliches Eiweiss. Allerdings stammt nur jeder fünfte Fisch aus hiesigen Flüssen und Seen. Zudem sind viele einheimische Arten gefährdet. Der «Coregonus zugensis», das kleine, nur etwa 20 Zentimeter lange Zuger Albeli, ist im Zugersee kaum mehr nachweisbar. Im Vierwaldstättersee dagegen gehört es zu den wirtschaftlich bedeutendsten Speisefischen. Weitere Albeliarten kommen im Zürichsee und Walensee vor. Sie zeichnen sich durch ihr feines, helles Fleisch aus, das sich sowohl für eine Zubereitung auf dem Grill wie auch gebraten oder in der Friteuse gebacken sehr gut eignet. Zu meinen Favoriten gehört die einfachste aller Zubereitungsarten: in Butter gebraten und mit reichlich gedünsteten Kräutern bestreut.

800 g Albelifilets (Felchen) – reichlich Butter – 1 Bund Petersilie – 1 Bund Schnittlauch – Kräutermeersalz – frisch gemahlener Pfeffer

1 Petersilie von den Stielen zupfen und grob hacken. Schnittlauch in feine Röllchen schneiden.

2 Albelifilets mit Salz und Pfeffer leicht würzen.

3 Fischfilets am besten in zwei grossen beschichteten Bratpfannen zubereiten. Reichlich Butter schmelzen und bevor sie zu schäumen beginnt, Filets mit der Hautseite oben in die Bratpfanne legen und bei mittlerer Hitze beidseitig je 3 Minuten dünsten. Auf vorgewärmten Tellern anrichten. Petersilie und Schnittlauch in der Fischpfanne gut andünsten, über die Fischfilets verteilen. Sofort servieren.

TIPP Mit Dampf-/Salzkartoffeln servieren.

ALBELI Sie werden meistens so filetiert, dass die beiden Filets am Rückengrat verbunden bleiben. Zum Dünsten darf die Butter nicht zu heiss sein, denn die in der Butter enthaltene Buttermilch verdampft vor dem Aufschäumen und übernimmt das Garen.

Zuger Albeli

FISCH HARMONIERT MIT KRÄUTERN

Fisch ist ein wertvolles Nahrungsmittel. Er enthält hochwertiges Eiweiss und lebenswichtige Inhaltsstoffe in einer einzigartigen Kombination. 7,5 Kilogramm sind es in der Schweiz pro Person im Jahr. Davon stammt lediglich ein Prozent aus einheimischen Flüssen und Seen. Obwohl die Berufsfischer jedes Jahr Millionen von Jungfischen aussetzen, bleiben die Bestände und der Fang klein. Auch Fischzuchten können die Nachfrage nicht decken, obwohl es immer mehr davon gibt. Schlecht ist es auch um die Fischbestände in den Weltmeeren bestellt. Trotz Labeln werden sie noch immer rücksichtslos überfischt. Der Schweizer Verein fair-fish verlangt, den Verzehr von Süss- und Salzwasserfischen einzuschränken. Je seltener sie auf den Tisch kommen, umso höher ist der Genuss. Ganz besonders, wenn der Fisch mit frischen Kräutern serviert wird. Mit Dill oder Petersilie kann man nichts falsch machen. Einen Versuch wert ist auch frische Minze.

Felchenfilet in der Folie gebacken

EIN BISSCHEN FELCHENLATEIN

Die Verwirrung war perfekt: Als wir in einem Restaurant im Seetal «Bale» verlangten, schüttelte die Bedienung unwissend den Kopf. Erst im Gespräch mit einem Hobbyfischer erfuhren wir, dass es etwa vierzig verschiedene Formen gibt und dass sie je nach Region unter einem anderen Namen bekannt sind: Am Bodensee heissen sie Blaufelchen oder Gangfisch. Im Gebiet Aargau/ Innerschweiz nennt man sie «Bale» oder Balchen. Am Neuenburger- und am Bielersee stehen sie als Bondelles oder Palées auf der Speisekarte. Am Vierwaldstätter- und am oberen Zürichsee werden sie Albeli genannt. Die Grösse ist eines der wesentlichsten Unterscheidungsmerkmale der verschiedenen Unterarten. Die Fische werden meistens als Filets angeboten. Sie eignen sich zum Braten oder Frittieren. Fein sind sie auch in der Folie gebacken.

600g Felchenfilets – Kräutersalz – frisch gemahlener Pfeffer – reichlich glattblättrige Petersilie – 2 Zitronen – 6EL Rapsöl – 4 Alufolien

1 Felchenfilets mit Kräutersalz und Pfeffer würzen. Alufolien mit Rapsöl einpinseln, Fischfilets darauflegen, mit Zitronenscheiben belegen und mit abgezupfter Petersilie bestreuen, mit Rapsöl beträufeln. Folien einschlagen. In eine Gratinform legen.

2 Fischfilets im vorgeheizten Ofen bei 180°C 15 Minuten dünsten.

Rapsöl

WENN DER FISCH IM RAPSÖL SIMMERT

Raps gehört zu den wichtigsten Ölsaaten in der Schweiz. Bis in die zweite Hälfte des letzten Jahrhunderts wurde das Öl jedoch nur bedingt in der Küche eingesetzt, denn es schmeckte bitter und enthielt giftige Stoffe. In den 1970er-Jahren kamen neue Rapszüchtungen auf den Markt, aus denen wertvolles Speiseöl gewonnen wird. Die Nachfrage nach authentischen Lebensmitteln aus der Region hat dazu geführt, dass immer mehr Produzenten ihr Rapsöl selber pressen und vermarkten. In kleinen Ölmühlen wird die kostbare Ölsaat zu einem hochwertigen Produkt verarbeitet. Kaltgepresstes Rapsöl zeichnet sich durch einen feinen nussig-buttrigen Geschmack aus – eine echte Delikatesse.

www.biofarm.ch

Pochierte Forelle mit Sauce hollandaise

IN EINEM BÄCHLEIN HELLE ...

Er ist der beliebteste und wohl meistbesungene oder literarisch «zubereitete» Süsswasserfisch. Am bekanntesten ist «Die Forelle», ein Gedicht, das Franz Schubert vertonte und das ihm zugleich als Inspiration für das «Forellenquintett» diente. Der Schweizer Schriftsteller Paul Nizon gab einem seiner Bücher den Titel «Das Fell der Forelle». Wir jedoch mögen die Forelle am liebsten gebacken, «blau», nach «Müllerin Art» oder mit Kräutern. Für den Spitzenkoch Georges Wenger (18 Gault-Millau-Punkte und 2 Michelin-Sterne) gehört die rare Seeforelle aus dem Neuenburgersee zu den besten Fischen dieser Welt und er bereitet sie in seinem Restaurant in Le Noirmont auf raffiniert-einfache Weise zu. Auch bei der Bachforelle bleiben die Aromen beim sanften Garen am besten erhalten.

4 kleine Bachforellen, 1 Fisch pro Person – **Fischsud** 3 l Wasser – 1 Flasche Weisswein – 1 Zwiebel – 1 Karotte – ¼ Knollensellerie oder 1–2 Stängel Stangensellerie – 1 kleiner grüner Lauch – wenig Petersilie – 8 schwarze Pfefferkörner – 2 EL Salz – 1 Lorbeerblatt – 2 Gewürznelken – **Hollandaise** 2 dl Fischsud – 1 Schalotte, fein gewürfelt – 2 grosse oder 2–3 kleine Eigelbe – einige Tropfen Zitronensaft – 100 g flüssige Butter – Salz – Cayennepfeffer

1 Forellen 10 Minuten in kaltes Wasser legen, innen und aussen mit kaltem Wasser überbrausen.

2 Gemüse schälen und in Scheiben oder Streifen schneiden.

3 Alle Zutaten für den Fischsud in einem grossen Kochtopf oder in einem Fischtopf aufkochen und den Sud 10 Minuten köcheln lassen, damit die Ingredienzen ihr Aroma entfalten können. Kochtopf von der Wärmequelle nehmen und den Sud auf 70 °C abkühlen lassen. Die Forellen in den Sud legen. Den Topf auf den Kochherd zurückstellen und die Fische bei 60 bis 65 °C 35 Minuten pochieren.

4 Für die Hollandaise Fischsud mit Schalotten auf 4 Esslöffel einkochen lassen, durch ein Kaffeesieb in eine kleine Schüssel passieren, Eigelbe und Zitronensaft unterrühren. Die Sauce über dem kochenden Wasser mit dem Schneebesen schlagen, bis die Masse luftig und fest ist. Flüssige Butter tropfenweise unterrühren, mit Salz und Cayennepfeffer abschmecken. Rasch servieren.

5 Fisch mit Gemüse anrichten. Hollandaise separat servieren.

VARIANTE Fisch mit warmer, flüssiger Butter servieren.

Wein

SCHENKT MIR «REINEN» EIN

Dank Besatzmassnahmen in den meisten Gewässern gehört die potenziell gefährdete Bachforelle zu den am meisten verbreiteten Wildfischarten der Schweiz. Die im Handel erhältlichen Forellen, vor allem die ursprünglich aus Nordamerika stammenden Regenbogenforellen (Lachsforellen), stammen heute meistens aus Zuchten.

Fisch und Wein harmonieren perfekt. Das feine Fleisch und der diskrete Geschmack der Forelle verlangen nach einem leichten, trockenen, eher mineralisch geprägten Weisswein. Die Weinfachleute Bruno und Ruth Hartmann vom gleichnamigen Remiger Familienunternehmen legen nicht nur grossen Wert auf Qualität, Kreativität, Ökologie und Originalität, sondern auch auf Beratung, damit der Fisch im passenden Wein «schwimmen» kann.

www.weinbau-hartmann.ch

Felchenröllchen auf Rahmlauch

FISCHE MÖGEN KEINEN DÜNGER

Felchen sind die mit Abstand am meisten gefangenen Speisefische in der Schweiz. Im Mittelland und im Alpenraum gibt es noch etwa 25 Seen, in denen eine oder mehrere Arten leben, die ausschliesslich in diesem Gewässer vorkommen. Diese aussergewöhnliche Vielfalt ist darauf zurückzuführen, dass sich die Felchen rasch an die vorherrschenden Bedingungen in den nach der Eiszeit entstandenen Seen angepasst haben. Doch die Überdüngung der Gewässer hat vielen Fischarten sehr zugesetzt: Innerhalb weniger Jahrzehnte hat sich der Fischbestand in der Schweiz um rund 40 Prozent reduziert. In einigen Seen sind die Felchen und andere Fische ganz ausgestorben. Auch im Hallwilersee könnten sie nicht überleben, wenn der See nicht seit mehr als zwanzig Jahren belüftet würde.

500 g Felchenfilets ohne Haut – ½ Zitrone, Saft – Salz – frisch gemahlener Pfeffer – 1 Kräuterfrischkäse, z. B. Boursin – 1 EL Rahm – **Lauch** 1 EL Butter – 1 kleine Zwiebel – 500 g Lauch – 1 dl Rahm – Zitronensaft – Salz – frisch gemahlener Pfeffer

1 Fischfilets mit Zitronensaft beträufeln, 5 bis 10 Minuten marinieren, mit Salz und Pfeffer würzen. Kräuterfrischkäse mit Rahm glatt rühren, auf den Fischfilets verstreichen, einrollen und mit einem Zahnstocher fixieren.

2 Backofen auf 180 °C vorheizen. Eine Gratinform mit Butter einfetten.

3 Für das Lauchgemüse Zwiebel klein würfeln. Beim Lauch grobfasrige Teile entfernen, Stängel je nach Grösse längs halbieren und quer in Streifen schneiden. Zwiebeln in der Butter andünsten, Lauch mitdünsten, mit Rahm ablöschen, Lauch knackig garen, mit Zitronensaft, Salz und Pfeffer abschmecken.

4 Lauch in die Gratinform verteilen, Felchenröllchen darauflegen. Form mit Alufolie verschliessen. In der Mitte in den Ofen schieben und bei 180 °C 25 Minuten garen.

Felchen

MILLIONEN VON JUNGFELCHEN EINGESETZT

Von der Grösse her liegt der Hallwilersee an 16. Stelle aller Schweizer Gewässer. Eine landschaftliche Idylle, beliebt bei «Wasserratten» und Touristen. Auch den Fischen gefällt es wieder besser, weil dem gut zehn Quadratkilometer grossen Mittellandsee seit mehr als zwanzig Jahren Sauerstoff zugeführt wird. Das Gewässer ist in vier Pachtreviere eingeteilt. Die Berufsfischer betreiben eine sogenannt passive Fischerei mit Netzen. Felchen sind die meistgefangenen Fische. Doch aus unerklärlichen Gründen pflanzen sich diese im Hallwilersee nicht mehr auf natürlichem Weg fort. Wenn die Pächter nicht Jahr für Jahr Millionen von Jungfischen aussetzen würden, gäbe es, trotz praktisch abgeschlossener Seesanierung, keine Felchen mehr zu fangen.

Wels mit Dijonsenfkruste

SÜSSWASSERWAL IM KRUSTENKLEID

Der Wels kann bis 2,5 Meter lang und fünfzig Kilogramm schwer werden. Damit ist der ursprüngliche Donaufisch der grösste Wildfisch, der in Europas Gewässern lebt. Da er kaum natürliche Feinde hat, kann der Riese mit den auffälligen, an Antennen erinnernden Barteln bis zu achtzig Jahre alt werden. In der Schweiz fängt man den «Süsswasserwal» am ehesten in den Seen am Jurasüdfuss, im Bodensee, in der Aare und im Hochrhein. Junges Welsfleisch erinnert an Kalbfleisch, ist fast grätenlos und sehr delikat. Es gibt verschiedene Zubereitungsmöglichkeiten: Wenn er nicht zu gross ist, kann er in einem Gemüsesud ganz gegart werden. Filets werden paniert, gebraten, gegrillt, gratiniert oder schwimmend im Öl gebacken. Die im Rezept vorgeschlagene Senfkruste gibt dem festen Fleisch reichlich Würze.

2 EL Rapsöl – 600 g Welsfilets oder anderer festfleischiger Fisch – Salz – frisch gemahlener Pfeffer – **Dijonsenfkruste** 2 dl heisse Gemüsebouillon – 100 g Toastbrotwürfelchen, ohne Rinde – 10 g Butter – 40 g Zwiebeln, klein gewürfelt – 30 g Dijonsenf – 60 g weiche Butter – 30 g Eigelb – Salz – frisch gemahlener Pfeffer – 1 Bund Schnittlauch, fein geschnitten

1 Toastbrotwürfelchen in der Gemüsebouillon einweichen.

2 Zwiebeln in der Butter andünsten.

3 Senf und Butter (60 g) zu einer luftigen Masse aufschlagen, Eigelb unterrühren. Gut ausgedrückte Brotwürfelchen und gedünstete Zwiebeln unterrühren, mit Salz und Pfeffer abschmecken, Schnittlauch unterrühren. Masse auf einer Alufolie zu einem Rechteck formen, kühl stellen.

4 Backofen auf 170 °C vorheizen.

5 Welsfilets mit Salz und Pfeffer würzen. In einer Bratpfanne im Rapsöl beidseitig anbraten. In eine feuerfeste Form legen. In der Mitte in den Ofen schieben, Fisch bei 170 °C 3 bis 5 Minuten braten. Aus dem Ofen nehmen.

6 Ofen auf Gratinstufe (250 °C) aufheizen.

7 Welsfilets mit dem gekühlten Senf-Butter-Blatt belegen. In der oberen Hälfte in den Ofen schieben und 2 Minuten gratinieren.

TIPP Auf gedünstetem Wirz servieren.

Senf

AUSGEWOGEN IM GESCHMACK MIT PIKANTEN VARIATIONEN

Senf ist in der Küche ein unverzichtbares Würzmittel. Er harmoniert mit vielen Speisen und gibt ihnen eine unaufdringliche, aparte Note. Die delikaten Variationen der waadtländischen Traditionsfirma Reitzel (Suisse) SA liefern zusätzliche Inspirationen und erweitern die Einsatzmöglichkeiten. Das seit mehr als hundert Jahren in Aigle ansässige Familienunternehmen ist führend in der Herstellung von exquisiten Senfprodukten, Essiggemüsespezialitäten, Salatsaucen und weiteren Feinkostprodukten. Diese sind unter dem Markennamen «Hugo Reitzel», teils aber auch als Eigenmarken von Grossverteilern und Comestibles-Geschäften erhältlich. Wer ohne langes Suchen auf Nummer sicher gehen will, kann das gesamte Reitzel-Sortiment problemlos über den Onlineversand bestellen.
www.hugoreitzel.ch

Zanderfilets mit Weissweinsauce überbacken

EIN BEGEHRTER EINWANDERER

Schweizer Fisch ist kein Massenprodukt. Viele Vorschriften schränken die Erträge ein. Zudem sind Wildfänge oft nur regional oder direkt bei den Berufsfischern erhältlich. Der Zander ist ursprünglich ein Osteuropäer. Durch Besatzmassnahmen wurde er auch in mittel- und westeuropäischen Gewässern heimisch. Der Raubfisch wächst sehr schnell. Seine ideale Fanggrösse beträgt 40 bis 50 Zentimeter. Doch er kann mehr als einen Meter lang und bis 19 Kilogramm schwer werden. Sein mageres, festes Fleisch muss sofort verarbeitet werden. Kleine Fische werden ganz pochiert, grössere in Stücke oder Filets geschnitten. Sie eignen sich zum Braten, Braisieren oder Garen im Ofen und für Suppen.

600 g Zanderfilets mit Haut, in 8 Portionen – **Zum Pochieren** 1 EL Butter – 1 Schalotte, fein gewürfelt – 2 dl Weisswein – 1 dl Fischfond – **Sauce** Pochierfond vom Fisch – 20–30 g Mehlbutter (⅔ Butter und ⅓ Mehl zusammenfügen) – 1–2 Äpfel, geschält, geviertelt, entkernt, klein gewürfelt – 50 g Champignons, in feinen Scheiben – 1 Eigelb – 1 dl Rahm – einige Tropfen Zitronensaft – 25 ml Calvados, nach Belieben – 4 gehäufte EL Schlagrahm

1 Backofen auf 250 °C vorheizen. Gratinform oder vier Portionenformen mit Butter einfetten.

2 Schalotten in einer weiten, flachen Pfanne in der Butter andünsten. Fisch in die Pfanne legen. Weisswein und Fischfond darübergiessen. Pfanne aufheizen, bis der Fond köchelt, Fisch zugedeckt bei schwacher Hitze pochieren, bis das Fischfleisch nicht mehr durchsichtig, sondern milchig-weiss ist. Pfanne von der Wärmequelle nehmen, 3 Minuten zugedeckt stehen lassen. Fisch in eingebutterte Gratinform oder in Portionenformen legen. Zugedeckt warm stellen.

3 Fischfond erhitzen. So viel Mehlbutter unter kräftigem Rühren mit dem Schneebesen unterrühren, bis die Sauce dickflüssig ist. Äpfel, Champignons und mit Eigelb verrührten Rahm unterrühren, erhitzen, mit Salz und Pfeffer würzen, mit Zitronensaft und Calvados abschmecken. Schlagrahm leicht unterziehen. Über den Fisch verteilen. Form(en) in der Mitte in den vorgeheizten Ofen schieben und kurz Farbe annehmen lassen. Sofort servieren.

TIPP Mit Reis servieren.

Wein vom Südhang

ALTE KÜCHENWEISHEIT

Fisch soll dreimal schwimmen – in Wasser, Schmalz und Wein. Doch welcher Wein eignet sich am besten? Nicht der billigste, aber auch nicht der teuerste, lautet die Devise. Die filigranen Aromen von Süsswasserfischen wollen mit einem leichten Weisswein gepaart werden. Durch das Reduzieren werden Aroma und Säure konzentriert und geben dem Fisch das gewisse Etwas. Weniger Zurückhaltung ist beim Wein geboten, der das Mahl begleitet. Auch da empfiehlt sich ein eher trockener Weisser. Eine Entdeckung ist der Blanc de noir und der Chardonnay vom «Südhang» in Eschenbach/LU. In der mineralischen Erde an südorientierter Lage pflegen Heidi und Josef Bucher den ersten Rebberg in der Region. Ihr kleines, köstliches Weinsortiment kann im modernen Präsentationsraum degustiert oder online bestellt werden. www.vomsuedhang.ch

EINTÖPFE & AUFLÄUFE

Kirschenauflauf

PRIMADONNEN UNTER DEN FRÜCHTEN

Sommer, der Duft von Heu, das Aroma von roten und schwarzen Kirschen im Mund, die wir von den Bäumen pflückten – Kindheitserinnerungen. Am Abend verwöhnte uns die Grossmutter mit ihrem legendären Chriesiauflauf. «Chriesi», davon konnten wir nie genug bekommen. Kirschen sind echte Diven: Heikel, was das Wetter betrifft. Regen mögen sie schon gar nicht. Auch ist ihre Hoch-Zeit sehr begrenzt. Wenn alles stimmt, finden wir sie in den Monaten Juni und Juli auf dem Markt, in den Früchteabteilungen oder direkt beim Produzenten. Beim Kochen kann man auch auf entsteinte, pasteurisierte Kirschen zurückgreifen. Dann ist der Kirschenauflauf schnell fertig: Eine köstliche Variante zum klassischen Früchtekuchen und als Dessert genauso beliebt wie als süsses Nachtessen.

MAHLZEIT FÜR 2 BIS 3 PERSONEN – DESSERT FÜR 4 BIS 6 PERSONEN 100g Brotwürfelchen, ohne Rinde – 2dl heisse Milch – 4 Eier – 50g geriebene Mandeln – 500g entsteinte Kirschen – Zucker, nach Belieben – Zimtpulver – 2EL gehackte Mandeln – 30g Butter

1 Backofen auf 200°C vorheizen.

2 Heisse Milch über die Brotwürfelchen giessen, Milch gleich wieder abgiessen.

3 Eier verquirlen, Brotwürfelchen, Mandeln und Kirschen zugeben, gut mischen, abschmecken mit Zucker und Zimt. Masse in eine eingefettete Gratinform füllen, gehackte Mandeln darüberstreuen, mit Butterflocken belegen.

4 Kirschenauflauf im unteren Drittel in den vorgeheizten Ofen schieben und bei 200°C 30 Minuten backen. Sofort servieren.

TIPP Mit einer Vanillesauce servieren.

Chriesiland / Jurapark Aargau

AARGAUER CHRIESIWÄG

«Wie ist die Welt doch schön», stellt man jeden Frühling aufs Neue fest, wenn die Kirschbäume das Fricktal in ein Paradies verwandeln. 2007 wurde der 5,5 Kilometer lange Chriesiwäg im Jurapark Aargau mit Ausgangsort Gipf-Oberfrick eröffnet. Unterwegs vermitteln elf Informationstafeln viel Wissenswertes zum Kirschenanbau. Tafelkirschen beispielsweise gedeihen inzwischen fast alle in geschützten Plantagen. Die kleinsten Früchte der Gattung Steinobst sind süsse Energie- und Lebenskraftspender. Mit 60 Kalorien je 100 Gramm sind die Kirschen aber auch eine ideale Schlankmacherkost. Aus ökologischer Sicht besonders wertvoll sind Hochstammbäume, aus deren Früchten feine Sortenbrände hergestellt werden.

Schnitz und Drunder

TRADITIONELL MIT SÜSSEN DÖRRÄPFELN

Es ist noch gar nicht so lange her, als sparsames Haushalten nicht nur eine Tugend, sondern eine Notwendigkeit war. Überschüsse von Obst und Gemüse wurden sterilisiert oder gedörrt und im Winter zusammen mit anderen haltbaren Vorräten kombiniert. So sind vor langer Zeit auch Eintopfgerichte aus Kartoffeln, Obst und Fleisch/Speck entstanden, die in der Schweiz und in Süddeutschland in unzähligen Varianten verbreitet sind. Im Aargau heissen sie «Schnitz und Drunder», im Luzernischen «Schnitz und Häppere». Natürlich kann man auch frische Äpfel oder Birnen verwenden. Historisch korrekt war das Gericht in unserer Familie aber nur mit Äpfeln vom alten «Süssöpflerbaum», die wir in Schnitze teilten und auf dem Ofen dörrten.

2 EL Öl – 400 g Schweinsvoressen – frisch gemahlener Pfeffer – Nelkenpulver – Salz – 90 g Zucker – 600 g sehr weiche (teigige) Kugel- oder Wasserbirnenschnitze oder eingeweichte Dörrbirnen – 3–4 dl Süssmost oder Wasser – 700 g festkochende Kartoffeln

1 Schweinsvoressen in einem Brattopf im Öl anbraten, mit Pfeffer, Nelkenpulver und Salz würzen, herausnehmen.

2 Zucker in der Fleischpfanne hellbraun karamellisieren, Birnen zufügen und im Karamell wenden, mit Süssmost ablöschen. Fleisch zufügen, aufkochen, bei schwacher Hitze 30 Minuten köcheln lassen. Kartoffeln schälen und in 3 cm grosse Würfel schneiden, auf die Birnen und das Fleisch legen (nicht untermischen), etwa 20 Minuten köcheln lassen, bis die Kartoffeln weich sind, jetzt untermischen.

Hofläden

BIO UND VON HAND GEMACHT

Der schonende Umgang mit bäuerlichen Ressourcen und die Produktion von gesunden Lebensmitteln werden immer populärer. Weil Bio mit viel Mehrarbeit verbunden ist, geht die Rechnung für viele Produzenten nicht auf, wenn sie Grossabnehmer beliefern. Darum bieten immer mehr Betriebe ihre Erzeugnisse direkt ab Hof an – entweder im eigenen Laden, auf den Märkten oder online. Eigentlich sind Hofläden noch der einzige Ort, wo der Konsument wirklich erfährt, welche Gemüse und welche Früchte tatsächlich Saison haben. Da wird es auch Wochen/Monate geben, wo selbst Lauch und Karotten nicht im Angebot sind, von Kopfsalat, Radieschen, Tomaten und Co. ganz zu schweigen. Umso schöner, wenn sie wieder erhältlich sind und kulinarisch von neuem entdeckt werden können.

Dörrbohnen mit Speck und Kartoffeln

SCHWEIZ ODER CHINA?

Dörrbohnen gehören zum kulinarischen Erbe der Schweiz. Wem die «Berner Platte» mit Rippli, Gnagi, Söischwänzli, geräucherter Rindszunge, Gsottenem und Zungenwurst gar zu opulent und fleischlastig ist, hält sich an die Light-Variante mit Dörrbohnen, Kartoffeln und einem Stück Räucherspeck. Bei uns war Bohnenabfädeln eine langweilige Kinderarbeit, die wir mit Lumpenliedern und Neckereien auflockerten. Dann überbrühte Mutter die Bohnen kurz in kochendem Wasser, schreckte sie unter kaltem Wasser ab, bevor sie sie auf Tüchern in einem luftigen, von der Sonne aufgeheizten Estrichzimmer zum Trocknen ausbreitete. Heute wird ein grosser Teil der Dörrbohnen aus China importiert. Zum Glück haben findige Gemüsebauern und fleissige Schweizer Bäuerinnen die Dörrbohnen wieder als Nischenprodukt in ihr Sortiment aufgenommen.

2 EL Öl – 1 kleine Zwiebel, klein gewürfelt – 200 g Dörrbohnen – 1 Sträusschen Bohnenkraut – ½ l Gemüsebouillon – 400 g durchwachsener Räucherspeck, in dicken Scheiben – 800 g festkochende Kartoffeln, geschält, grob gewürfelt – Salz – Pfeffer aus der Mühle

1 Dörrbohnen über Nacht im Wasser einweichen, abgiessen.

2 Zwiebeln in einem grossen Kochtopf im Öl andünsten, Dörrbohnen kurz mitdünsten, Bohnenkraut zugeben, mit Gemüsebouillon ablöschen, Speck darauflegen, 30 Minuten köcheln lassen. Kartoffeln zugeben, köcheln lassen, bis die Kartoffeln weich sind. Mit Salz und Pfeffer abschmecken.

Dörrbohnen

SELMA, ZEBRINA UND NECKARKÖNIGIN

Die in Südamerika beheimatete Gartenbohne eroberte vor rund 200 Jahren den hiesigen Speisezettel. Weil die Stauden oft einen reichen Ertrag bringen, wurden die Überschüsse schon damals getrocknet: Für 100 Gramm Trockenware braucht es 1 Kilogramm frische Stangenbohnen. Haltbar gemacht, brachten sie den ganzen Winter hindurch Abwechslung auf den Tisch. Heute stammt der grösste Teil der Dörrbohnen aus China. Es ist mit den Dörrbohnen dasselbe wie mit anderen Produkten: Trotz der weiten Reise sind sie viel billiger als die einheimischen. Weil immer mehr Konsumenten nach hiesigen Genüssen fragen, pflanzen viele Schweizer Hofbetriebe wieder vermehrt Busch- und Stangenbohnen mit so hübschen Namen wie Speedy, Gartenglück, Zebrina oder Neckarkönigin an, die sie frisch oder als Dörrbohnen vermarkten.
www.biofarm.ch

Landfraueneintopf

GUTES VON DEN «MACHERINNEN» VOM LAND

Was wäre die Welt ohne «Landfrauen»? Sie tauchen selten in den Schlagzeilen auf. Doch überall auf der ganzen Welt waren sie zu allen Zeiten Hüterinnen des Lebens und der Gemeinschaft. Der 1932 gegründete Schweizerische Bäuerinnen- und Landfrauenverband zählt mehr als 60 000 Mitglieder. Es sind kreative Frauen, die Traditionen bewahren, aber Neuem gegenüber aufgeschlossen sind. Ihnen verdanken wir viele einfache Selbstversorger-Rezepte. Eines dieser klassischen Gerichte ist unter dem Namen «Landfraueneintopf» bekannt geworden. In den von den kantonalen Landfrauen-Organisationen herausgegebenen Kochbüchern finden wir eine grosse Auswahl weiterer Rezepte.

1 EL Bratbutter – 1 mittelgrosse Zwiebel, in feinen Scheiben – 1 Knoblauchzehe, fein gewürfelt – 1 kg Birnen – 750 g geräucherter Magerspeck, in 8 Portionen – 1 kg vorwiegend festkochende Kartoffeln – 100 g Dörraprikosen – 2 dl Sauermost – 1 ½ dl Gemüsebouillon – 1 Msp Nelkenpulver – Salz – frisch gemahlener Pfeffer – 1 Sträusschen Bohnenkraut

1 Birnen ungeschält vierteln und Kerngehäuse entfernen. Kartoffeln schälen und in grosse Würfel schneiden.

2 Zwiebeln und Knoblauch in der Bratbutter andünsten, Birnen und Speck kurz mitdünsten, Kartoffeln und Aprikosen zugeben, mit Sauermost und Gemüsebouillon ablöschen, aufkochen, würzen. Eintopf bei schwacher Hitze rund 30 Minuten köcheln lassen. Mit dem Bohnenkraut garnieren.

Geräuchertes Fleisch

WÜRZIGES AUS DEM RAUCH

Im Kamin geräucherter Speck gibt diesem Eintopfgericht einen währschaften Boden. Nach wie vor gibt es kleine Räuchereien, die nach alter Väter Sitte arbeiten. Das Fleisch stammt aus der Schweiz und wird mit einer hauseigenen Salz- und Gewürzmischung präpariert. Ein grosses Geheimnis wird um das Verhältnis von Sägemehl, Tannen- und Wacholderreisig gemacht, die in den Rauchkammern verbrannt werden. Dieses traditionelle Herstellungsverfahren ist sehr aufwändig, garantiert aber eine gleichbleibende hohe Qualität und ein exklusives Aroma. Wer Wert auf natürlich geräuchertes Fleisch legt, findet es in vielen Hofläden, an Märkten oder in Spezialitäten-Metzgereien.

Kartoffel-Kürbis-Auflauf

EIN ALLESKÖNNER

In den Herbstmonaten ist die Machtdemonstration der Kürbisse in ländlichen Gebieten nicht zu übersehen. Doch es hat lange gedauert, bis sich die Riesenbeere bei uns als Lebensmittel durchsetzen konnte. Anders als die Kartoffel wurde die Südamerikanerin zum Schweinefutter degradiert und kam nur in Notzeiten auf den Tisch. Vor etwas mehr als zwei Jahrzehnten brach ein richtiges Kürbisfieber aus, und die Popularität hat bisher kaum nachgelassen. Egal ob Speise- oder Zierkürbis, die Formen- und Farbenvielfalt begeistert. In der Küche sind sie richtige Alleskönner und schmecken als Suppe, Gemüse, Püree oder werden zu süssen und pikanten Wähen oder Kuchen verarbeitet. Kürbisse können mehrere Monate gelagert werden. Es lohnt sich also, einen Vorrat anzulegen.

1kg Kürbis, eher mehlige/trockene Sorte – 400g festkochende Kartoffeln – 150g klein gewürfelter Schinken – 100g geriebener Gruyère – 2EL Majoranblättchen – **Guss** 2 Eier – 2dl Rahm – 100g Mascarpone – Kräutersalz – frisch gemahlener schwarzer Pfeffer

1 Kürbis entkernen und schälen, in Würfelchen schneiden. Kartoffeln schälen und in Würfelchen schneiden. Beides im Dampf ein paar Minuten garen, abkühlen lassen.
2 Backofen auf 200°C vorheizen.
3 Guss zubereiten, gut würzen.
4 Gratinform einfetten. Kürbis-Kartoffel-Mix, Schinken, Gruyère und Majoran in der Form mischen. Guss darübergiessen.
5 Kartoffel-Kürbis-Auflauf in der Mitte in den vorgeheizten Ofen schieben und bei 200°C 20 bis 30 Minuten backen.

Kürbis

VOM ZWERG BIS ZUM ZWEIHUNDERTKILÖNER

In Europa kennt man die Pflanze seit dem 16. Jahrhundert. Kürbisse sind Sonnenkinder und einfach zu kultivieren, wenn man ihre Vorlieben beachtet: Sie brauchen humusreiche Erde, Nährstoff – am besten Kompost – und viel «Auslauf» für ihre Ranken. Kälte und Nässe machen ihnen zu schaffen. Angebaut werden unzählige Speisesorten: Die kleinsten sind kaum faustgross, die grössten bringen über 200 Kilogramm Gewicht auf die Waage. Es gibt mehlige und wässrige Sorten. Praktisch alle Kürbisse eignen sich für Suppen. Bei einem Gratin ist es schon komplizierter. Ein wässriger Kürbis schmeckt mehr nach Zucchetti, ein mehliger nach Kartoffeln. Je mehr man mit Kürbissorten experimentiert, desto mehr Erfahrung bekommt man. Wichtig: Ausgereifte Kürbisse sind einige Wochen bis Monate haltbar. Wenn der Kürbis einmal angeschnitten ist, sollte man ihn baldmöglichst verwerten.

UrDinkel-Eintopf

GESUND UND IMMER BELIEBTER

Zugegeben, eine Mahlzeit mit ganzen Getreidekörnern und Hülsenfrüchten ist alles andere als «Convenience». Zum einen haben beide Zutaten eine lange Einweich- und Kochzeit. Zum anderen erfordern sie beim Essen echte Kauarbeit. Aus ernährungsphysiologischer Sicht ist die Kombination sehr empfehlenswert – ganz besonders, wenn sie wie dieser reichhaltige UrDinkel-Eintopf mit weiteren bodenständigen Ingredienzen ergänzt wird. UrDinkel hat vieles gemeinsam mit dem ertragreicheren Weizen, der sich zum weltweit wichtigsten Getreide entwickelt hat. Doch UrDinkel hat nicht nur aus gesundheitlicher, sondern auch aus ökologischer Sicht bedeutend mehr zu bieten, denn die Pflanze braucht wenig Dünger und das im Spelz eingeschlossene Korn ist widerstandsfähig gegen Umweltgifte.

100g rote Bohnen (Indianerbohnen) – 150g UrDinkel-Körner – 1 EL Bratbutter – 1 mittelgrosse Zwiebel, klein gewürfelt – 2 Knoblauchzehen – 200g Weisskabis, in feinen Streifen – 1 TL Rosenpaprikapulver – 1 l L Senf – einige Kümmelsamen – 1½l Gemüsebouillon – 100g Karotten, geschält, klein gewürfelt – 150g rohe Sauerrüben oder Sauerkraut, gut abgetropft – 1 EL fein gehackte Majoranblättchen – Kräutersalz – frisch gemahlener weisser Pfeffer

1 Dinkelkörner und rote Bohnen über Nacht getrennt in kaltem Wasser einweichen. Einweichwasser am nächsten Tag weggiessen.

2 Bohnen in reichlich frischem Wasser (nicht salzen) aufkochen, bei schwacher Hitze 30 bis 40 Minuten garen, bis sie weich sind.

3 Zwiebeln und durchgepresste Knoblauchzehen in der Bratbutter andünsten, Kabis und Dinkel zugeben, mit Rosenpaprika bestäuben, Senf und Kümmel zugeben, mit der Gemüsebouillon ablöschen, aufkochen, Eintopf bei schwacher Hitze 20 Minuten köcheln lassen. Karotten und Sauerrüben zugeben, weitere 20 Minuten köcheln lassen, bis die Körner weich und etwas aufgequollen sind. Zum Schluss Bohnen und Majoran untermischen. Abschmecken.

TIPP Ein Stück Speck oder Rippli mitkochen.

UrDinkel

DAS WERTVOLLSTE GETREIDE

Dinkel wird seit mehr als zwei Jahrtausenden angebaut. Im alemannischen Sprachraum galt er bis zum Zweiten Weltkrieg als wichtigstes Brotgetreide. Verdrängt wurde er durch Weizenzüchtungen, welche ertragreicher und standfester waren. Als der Bund den Dinkel zum Futtergetreide degradieren wollte, schlossen sich verantwortungsvolle Produzenten, Müller und Verarbeiter zur IG Dinkel zusammen. Gemeinsam ist es ihnen gelungen, diesem kostbaren kulinarischen Kulturgut seinen Platz zurückzugeben. Nun werden in den hügeligen Regionen des Mittellandgürtels zwischen Thurgau und Freiburg wieder alte, reine (weizenfreie) Dinkelsorten angebaut und unter der Marke UrDinkel auf den Markt gebracht. Der kleberreiche UrDinkel ist ideal zum Backen. Bäcker und Pasta-Hersteller stellen daraus ausgezeichnete UrDinkel-Spezialitäten wie Guetzli und Pasta her.
www.urdinkel.ch

Plain in Pigna

HERZHAFTES AUS DEM ENGADIN

Die «gute alte Zeit» war für viele Menschen oft gar nicht so gut. Sie bestand aus hartem Tagewerk, und es gab wenig zu beissen. Erst recht in den abgelegenen Bergtälern. «Plain in Pigna» ist ein typisches Engadiner Armeleutegericht. Wörtlich übersetzt heisst es «voll im Ofen». Traditionell wurde es auf dem Herd oder im Kachelofen über der offenen Glut zubereitet. Der Zusatz «cun Ärdöffels» sagt, woraus es besteht: aus vielen rohen, grob geraffelten Kartoffeln. Aufgepeppt wird die Ofenrösti, wie sie auch genannt wird, durch fein gewürfelten Speck, Salsiz oder Rohschinken. Zu diesem herz- und nahrhaften Gericht passen gekochte Apfelschnitze, Preiselbeerkompott oder Salat.

600 g vorwiegend festkochende Kartoffeln – 100 g geräucherter Speck, klein gewürfelt – 2 EL grober Maisgriess – 2 dl Rahm – 1 Majoranzweiglein – Salz – frisch geriebene Muskatnuss

1 Backofen auf 180 °C vorheizen. Eine Gratinform mit Butter einfetten.

2 Kartoffeln schälen und auf der Röstiraffel reiben.

3 Kartoffeln, Speck, Mais, Rahm und abgezupfte Majoranblättchen vermengen, mit Salz und Muskatnuss würzen, in die Gratinform verteilen.

4 Plain in Pigna in der Mitte in den vorgeheizten Ofen schieben und bei 180 °C 1 Stunde garen, bis der Gratin goldbraun und knusprig ist.

TIPP Mit reifem Bergkäse und Kabissalat servieren.

Kartoffel

HEISS GELIEBTE MIGRANTIN

1621 verfasste ein österreichischer Benediktinerabt das erste Kartoffelkochbuch. In Europa werden Kartoffeln seit dem ausgehenden 17. Jahrhundert in grösserem Stil angebaut und für Speisezwecke genutzt. Kartoffel-Pioniere waren die Engländer und die Sachsen. Recht früh fand die «tolle Knolle» auch Eingang in die Küche der Schweizer Voralpen- und Bergregionen. Hier herrschten ähnliche Bedingungen wie im Anden-Hochland, der Wiege der Kartoffel. Zudem gab es hier keine Vorschriften, was auf dem Land angepflanzt werden darf. 1697 wurden im Glarnerland die ersten Kartoffeläcker angelegt. Die Bündner folgten zehn Jahre später. Im Engadin wird die Hackfrucht bis auf eine Höhe von 1900 m angebaut. Den wissenschaftlichen Namen «Solanum tuberosum» verdankt das Nachtschattengewächs übrigens dem Basler Arzt Caspar Bauhin (1560–1624).
www.kartoffel.ch

BROT, KUCHEN & GEBÄCK

Appenzeller Käsefladen

DIE VIELEN NAMEN DER KÄSEWÄHE

Was den Appenzellern der «Flade», ist den St. Gallern die «Tünne», den Bündnern die «Turta», den Aargauern die «Wäje» und den Bernern der «Chueche». Erstmals tauchte der Name «waye» im Jahr 1556 in Zürich auf. Wähe gab es bei meiner Tante immer dann, wenn sie Brot im Holzbackofen backte. Zuerst kam das Brot in den heissen Ofen. Die Restwärme nutzte sie, um das Mittagessen zu backen: Aus Brotteigresten formte sie runde Böden mit dickem Wulst für den Rand. Sie belegte diese mit einer Kartoffel-Käse-Mischung oder mit Früchten und schloss das Ganze mit einem Guss aus Eiern, Milch und Rahm ab. Mir war die Füllung stets lieber als das «Drumherum». Der Boden war nämlich auf der Innenseite oft noch teigig. An vielen Orten ist der Freitag noch heute «Wähentag» – eine alte Tradition, denn Wähen galten in katholischen Gegenden als Fastenspeise.

FÜR EIN KUCHENBLECH VON 30 CM DURCHMESSER **Geriebener Teig** 250 g Weissmehl – 1 TL Salz – 100 g kalte Butterstückchen – 1 dl Wasser – 3 EL Öl – **Füllung** 2 Eier – 4 dl Rahm – 250 g Appenzeller® Käse Surchoix – 2 EL Mehl – 1 mittelgrosse Zwiebel, klein gewürfelt – frisch gemahlener Pfeffer – frisch geriebene Muskatnuss

1 Für den Teig Mehl und Salz in einer Schüssel mischen, mit der Butter krümelig reiben, Wasser und Öl zugeben, rasch zu einem Teig zusammenfügen. Nicht kneten. Teig zwischen Klarsichtfolien auf Formgrösse ausrollen, in die eingefettete Form stürzen. Mindestens 30 Minuten kühl stellen.

2 Backofen auf 190 °C vorheizen.

3 Für die Füllung Eier und Rahm verquirlen. Appenzeller® Käse auf der Bircherraffel dazureiben, Mehl und Zwiebeln zugeben, gut mischen. Würzen. Auf dem Teigboden verteilen.

4 Käsefladen auf der zweituntersten Schiene in den auf 190 °C vorgeheizten Ofen schieben und 30 bis 40 Minuten backen.

Appenzeller® Käse

DER WÜRZIGSTE IM GANZEN LAND

Um «rässe» Sprüche sind die Appenzeller nie verlegen. Um die Kräutersulz aber, die dem Appenzeller® Käse seinen rezenten Geschmack verleiht, machen sie ein grosses Geheimnis. Man weiss zwar, dass die Beize, mit der die Käselaibe behandelt werden, aus Wein, Hefe, Salz und rund vierzig Gewürzen und Kräutern besteht. Doch bisher hat es niemand geschafft, den Geheimnisträgern das Rezept zu entlocken. Mild, kräftig oder rezent, je nach Reifegrad: Würzig ist er in jedem Fall. Da machen auch unsere nördlichen Nachbarn keinen Bogen drum: Fast die Hälfte der Appenzeller Käseproduktion wird nach Deutschland exportiert. Appenzeller® Käse gehört auf jede Käseplatte. Auch in der warmen Küche macht er seinem Namen alle Ehre, denn was wären typische Appenzeller Gerichte wie «Alte Maa» oder «Appezöller Chäsflade» ohne den würzigen Appenzeller® Käse?
www.appenzeller.ch

Pizza Williams

PIZZA – PURE LEIDENSCHAFT

Noch vor fünfzig Jahren war das Wort Pizza in der Deutschschweiz kaum bekannt. Es sei denn, dass es in der Nachbarschaft oder unter den Arbeitskollegen freundliche Italiener gab, die einen zum Essen einluden. Später, als wir in den Ausgang gingen, gab es bereits kleine italienische Ristoranti. Fasziniert schauten wir zu, wie der Pizzaiolo aus einem Hefeteigklumpen einen dünnen Fladen formte und ihn immer wieder wie einen Frisbee in die Luft warf. Dann kamen Tomatensauce und Mozzarella drauf und ab ging's in den Pizzaofen. Dass das fertige Backwerk nach wenigen Minuten mit charmanten Komplimenten serviert wurde, liess es noch besser schmecken.

FÜR 2 PIZZAS **Pizzateig** 350g Weiss- oder Ruchmehl – ½TL Salz – 1EL Olivenöl – 1 Hefewürfel – ca. 2½dl lauwarmes Wasser – **Belag** 90g Crème fraîche – 150g Schinken, in Streifen – ca. 500g feste, reife Birnen, vorzugsweise Williams Birnen – 200g Mozzarella, gehackt – Salz – frisch gemahlener Pfeffer – abgezupfte Thymianblättchen

1 Für den Teig Mehl in eine Schüssel füllen und eine Vertiefung drücken, Salz auf den Rand streuen. Olivenöl über das Mehl träufeln. Zerbröckelte Hefe in die Vertiefung geben. Nach und nach lauwarmes Wasser und Mehl mit der Hefe vermengen und zu einem Teig zusammenfügen. Auf der Arbeitsfläche rund 10 Minuten kräftig kneten. Teig in die Schüssel legen und diese mit einem feuchten Tuch zudecken. Hefeteig mindestens 30 Minuten gehen lassen.

2 Backofen auf 220°C vorheizen.

3 Pizzateig halbieren, zwei Rondellen von etwa 28cm Durchmesser ausrollen oder dünn ausziehen. Auf mit Backpapier belegte Bleche legen. Mit Crème fraîche bestreichen. Mit Schinken bestreuen. Birnen schälen, vierteln und entkernen, längs in feine Schnitze schneiden, auf den Teig legen. Mozzarella gleichmässig darauf verteilen. Mit Salz, Pfeffer und Thymian würzen.

4 Pizzas im vorgeheizten Ofen bei 220°C etwa 20 Minuten backen.

Mozzarella

SCHWEIZER KÜCHE INTERNATIONAL

Was hat Pizza in einem Kochbuch mit Schweizer Rezepten zu suchen? Auf den ersten Blick wenig. Auf die Herkunft der Zutaten bezogen, schon etwas mehr: Die Williams Christbirne ist zwar Engländerin, wird im Wallis aber seit dem 19. Jahrhundert angebaut. Der Mozzarella, der Name sagt's, ist italienischer Abstammung, genauso wie die Pizza. Doch in der Schweiz gehört der Mozzarella längst zu den beliebtesten Frischkäsen, denn er eignet sich hervorragend für die kalte und die warme Küche. Allerdings gibt es beim Mozzarella Unterschiede. «Züger Mozzarella»-Spezialitäten (auch in Bio-Qualität) werden aus frischer Schweizer Kuh- oder Büffelmilch hergestellt. Für die Pizza hat der Ostschweizer Milchverarbeiter einen Pizza-Mozzarella entwickelt: Dieser ist gelblich und etwas fester in der Konsistenz als der normale.

Spinatwähe

ERSTES FRÜHLINGSGRÜN

Zarter Spinat gehört zu den ersten Frühlingsgemüsen. Gut gibt es den Bauern, bei dem man das am Morgen in aller Herrgottsfrühe frisch geerntete Kraut erhält. Grüne Pflanzen entwickeln kurz vor der Blüte den grössten Reichtum an Vitaminen, Mineralien und weiteren Stoffen, denen hohe Schutz- und Heilwerte zugeschrieben werden. Also ran ans Kraut, bevor es schiesst. Zur Not kommt es aus dem Tiefkühler. Das soll ohnehin die schonendste Konservierungsform für Lebensmittel sein. Der Nährstoffgehalt soll selbst nach längerer Lagerung noch deutlich höher sein als bei Frischprodukten, die einige Tage bei Zimmertemperatur aufbewahrt worden sind. Übrigens: Der Spinat war eines der ersten Tiefkühlprodukte, die Mitte des letzten Jahrhunderts Europa eroberten.

FÜR EINE FORM VON 26 CM DURCHMESSER **Mürbeteig** 200 g Weissmehl – ½ TL Salz – 100 g kalte Butterstückchen – ¾–1 dl Wasser – **Guss** 2 Eier – 2 dl Rahm – Salz – frisch gemahlener Pfeffer – frisch geriebene Muskatnuss – **Belag** 2 EL Olivenöl – 1 kleine Zwiebel, klein gewürfelt – 1 Knoblauchzehe, klein gewürfelt – 1 EL Mehl – 800 g kleinblättriger Spinat – 100 g Speckstreifen

1. Für den Teig Mehl und Salz in einer Teigschüssel mischen, mit Butter krümelig reiben. Wasser nach und nach zugeben, rasch zu einem Teig zusammenfügen. Nicht kneten. Teig zugedeckt 30 bis 60 Minuten kühl stellen, ausrollen. Oder den Teig zuerst zwischen Klarsichtfolien auf Formgrösse ausrollen, in die eingefettete Form stürzen, etwa 30 Minuten kühl stellen.
2. Zwiebeln und Knoblauch im Olivenöl andünsten, mit Mehl bestäuben und mitdünsten. Spinat zufügen und zusammenfallen lassen, in einem Sieb abtropfen und erkalten lassen.
3. Backofen auf 210 °C vorheizen.
4. Speckstreifen und Spinat auf dem Teigboden verteilen. Guss darübergiessen.
5. Spinatkuchen auf der untersten Schiene in den Backofen schieben und bei 210 °C etwa 30 Minuten backen.

Spinat

CHRUUTWÄJE-MONTAG

Kein Zweifel: Wer viel Gemüse isst, ist gesünder. Roh soll es sein oder sanft gegart. Manchmal darf es auch eine saftiggrüne Spinatwähe sein. Schon Popeye, die bekannte Comicfigur, ass Spinat, wenn es darum ging, irgendwelche Heldentaten und Kraftakte zu vollbringen. Dass das Kraut aus der Dose kam, weckte bei unseren Kindern Zweifel an der Wirksamkeit. Sie hatten von der Mutter gehört, dass der Spinat frisch aus dem Garten sein soll. Im Aargau gehört die «Chruutwäje» schon fast zur Nationalspeise. Der Wirt einer kleinen Bauernbeiz, der den Ostermontag traditionell als «Chruutwäje-Mändig» zelebrierte, hatte immer viel Zulauf. Auch wenn der extrem hohe Eisengehalt eine Legende ist, so bringt der Spinat doch gesunde, schnelle Abwechslung in jede Küche.

Käse-Karotten-Kuchen

FASTENSPEISE UND FINGERFOOD

Eines haben Backofenklassiker gemeinsam – in der Regel sind alle Zutaten vorrätig und der Belag erlaubt viel Abwechslung, sie sind gesund und schmecken herrlich. Sowohl die pikanten als auch die süssen Varianten eignen sich als Zwischenmahlzeit oder ergeben mit einem Salat eine Hauptmahlzeit. An vielen Orten in der Schweiz ist der Freitag noch heute «Wähentag» – eine alte Tradition. Die Wähenfüllung enthielt in der Regel kein Fleisch. Deshalb galten diese «Flachkuchen» vor allem in katholischen Gegenden als Fastenspeise. Dass der Brauch bis heute erhalten geblieben ist, selbst wenn die klerikalen Vorschriften dies nicht mehr verlangen, haben wir den Hausfrauen und Bäckereien zu verdanken.

FÜR EINE KLEINE VIERECKIGE ODER EINE RUNDE FORM VON 26 CM DURCHMESSER

400 g Kuchenteig – 1 Ei – 1 Becher Naturjoghurt oder Sauermilch – 200 g Tilsiter – 300 g Karotten – 3 Knoblauchzehen, klein gewürfelt – 1 Prise frisch geriebene Muskatnuss – 1 Prise Salz – frisch gemahlener Pfeffer – 1 TL gemahlene oder zerstossene Korianderkörner – 2 Prisen Thymianpulver

1 Kuchenteig ausrollen und in die eingefettete Form legen, 30 Minuten kühl stellen. Backofen auf 200 °C vorheizen.

2 Tilsiter sehr fein würfeln. Karotten schälen und auf der Röstiraffel reiben. Ei und Joghurt glatt rühren, Tilsiter, Karotten und Knoblauch zufügen, würzen, mischen, auf den Teigboden verteilen.

3 Käse-Karotten-Kuchen auf der zweituntersten Schiene in den Ofen schieben und bei 190 °C etwa 45 Minuten backen.

Tilsiter

NUR ECHT AUS DEM «TILSITERLAND»

Sie sind schnell hergestellt und man isst sie von Hand. Gemäss Albert Spycher, der in seinem Buch «Back es im Öfelin oder in der Tortenpfann» viel Interessantes über «Fladen, Kuchen, Fastenwähen und anderes Gebäck» zusammengetragen hat, ist überzeugt, dass die Wähen ursprünglich ein Produkt aus bäuerlichen Haushaltungen waren. «Wenn am Backtag die Teigreste aus der Backmulde gescharrt wurden, wallte man die so gewonnene ‹Multeschäärete› zu einem Fladen und drückte den Teigrand zu einem Wulst zusammen, damit der Belag nicht auslaufen konnte», schreibt er. Besonders nahrhaft sind Wähen mit Käse, Milch und Rahm. Nicht ganz alltäglich ist die Kombination von Karotten und feinem, in der Ostschweiz hergestelltem Tilsiter Käse. www.tilsiter.ch

Marronifladen mit Rosmarin

DAS «BROT» DER ARMEN

Vor rund 2000 Jahren hielt die Kastanienkultur im Tessin Einzug. Das milde Klima ermöglichte das Kultivieren des Kastanienbaums bis in höher gelegene Alpentäler. Selbst dort, wo weder Mais noch Brotgetreide gediehen, wuchs der zur Familie der Buchengewächse gehörende Baum prächtig. So wurden die Marroni für die arme Tessiner Bevölkerung zu einem der wichtigsten Grundnahrungsmittel. Der durchschnittliche Jahresverbrauch pro Person lag bis in die erste Hälfte des letzten Jahrhunderts bei 150 Kilogramm. Um die Edelkastanien haltbar zu machen, wurden sie über dem offenen Feuer getrocknet und danach geschält. Das feine Mehl der getrockneten Früchte eignet sich ausgezeichnet für Fladen und Brot.

FÜR EIN KUCHENBLECH VON 26 CM DURCHMESSER 250 g Marronimehl (aus rauchgetrockneten Marroni) – ½ TL Salz – 2 EL Olivenöl – 5–7 dl lauwarmes Wasser – 100 g eingeweichte Rosinen – 120 g Pinienkerne – 1 EL gehackte Rosmarinnadeln

1 Backofen auf 180 °C vorheizen. Blech mit Butter einfetten.

2 Marronimehl und Salz mischen, Olivenöl und Wasser zugeben, zu einem glatten Teig rühren (der Teig ist sehr flüssig). Rosinen, Pinienkerne und Rosmarin unterrühren. Teig in die Form füllen.

3 Marronifladen in der Mitte in den Ofen schieben und bei 180 °C 30 bis 40 Minuten backen. Nadelprobe machen.

Edelkastanie

CASTANEA SATIVA

Die Edelkastanie zählt zu den ältesten Kulturpflanzen Europas. Wie andere von den Römern mitgebrachte Gewächse gedeiht sie seither auch an klimatisch begünstigten Lagen nördlich der Alpen. Durch die Industrialisierung, welche die wirtschaftlichen und gesellschaftlichen Bedingungen im 19. und 20. Jh. stark veränderte, verloren die Kastanienselven im Tessin an Bedeutung. Die Bäume wurden nicht mehr gepflegt und in der Folge von Krankheiten und Schädlingen bedroht. Zudem weideten in den lockeren Baumbeständen immer mehr Nutztiere, welche die Triebe frassen. Das verhinderte eine natürliche Verjüngung. Seit wenigen Jahrzehnten wird der Erhalt dieses botanischen Kulturerbes wieder stark gefördert. Innovative Leute setzen sich für die Veredlung dieses köstlichen Geschenks der Natur ein.
La Pinca, Kastanienspezialitäten Müllauer, Dübendorf:
www.lapinca.ch

Mandelschnitten mit Konfitüre

MANDELSCHNITTEN UND SCHMALSPURBAHN

Für Grossmutters Mandelschnitten nahmen wir in unserer Jugend fast jeden Sonntag einen mehr als drei Kilometer langen Marsch in Kauf. Ihre Mandelschnitten wurden wie im Rezept mit selbstgemachter Konfitüre und den damals noch ziemlich teuren Mandeln gebacken. Zum Abschluss tauchte sie die Schnittenenden in flüssige Schokolade. Der Gedanke an diese Leckerei lässt mir noch heute das Wasser im Mund zusammenlaufen. Dass wir den «Grossmutter-Weg» nicht auf der normalen Strasse, sondern auf dem Bahngeleise zurücklegten und von einer Bahnschwelle zur nächsten hüpften, war Programm. Allerdings fuhr die Schmalspurbahn damals höchstens einmal pro Stunde, und bis der nächste Zug kam, waren wir längst über alle Berge.

FÜR EIN GROSSES, RECHTECKIGES BLECH **Butterteig** – 200 g zimmerwarme Butter – 200 g Zucker – 2 Eier – 1 Zitrone, abgeriebene Schale – 300 g Weissmehl – rote Konfitüre, z. B. Sauerkirschen-, Himbeer- oder Erdbeerkonfitüre – **Mandelbelag** 100 g zimmerwarme Butter – 100 g Zucker – 2 Eier – 1 Zitrone, abgeriebene Schale – 400 g geriebene Mandeln – wenig Milch – **Glasur (nach Belieben)** 150 g Puderzucker – 2 EL Zitronensaft

1 Backofen auf 180 °C vorheizen. Backblech mit Backpapier belegen.

2 Für den Teig Butter, Zucker, Eier und Zitronenschale zu einer luftigen, cremigen Masse aufschlagen, Mehl dazugeben und unterrühren. Auf dem Backpapier ausrollen. Mit Konfitüre bestreichen.

3 Für den Mandelbelag Butter, Zucker, Eier und Zitronenschale zu einer luftigen, cremigen Masse aufschlagen. Mandeln unterrühren. So viel Milch zugeben, bis die Masse streichfähig ist. Auf der Konfitüre verstreichen.

4 Blech auf der untersten Schiene in den Ofen schieben, Mandelschnitten bei 180 °C 30 bis 40 Minuten backen. Erkalten lassen.

5 Für die Glasur Zitronensaft mit Puderzucker glatt rühren. Mandelgebäck gleichmässig mit der Glasur überziehen.

Konfitüre

FRUCHTIG UND MIT WENIGER ZUCKER

Es gibt EU-Richtlinien zur Angleichung der Rechtsvorschriften der Mitgliedstaaten für Konfitüren, Marmeladen und Gelees, die 1982 in Deutschland zu einem «Erlass zur Konfitürenverordnung» führten. Wer die Konfitüre selber einkocht, muss diese Vorschriften nicht kennen. Das Rezept «gleich viel Zucker wie Früchte» ist vielen zu süss. Damit der fruchtige Brotaufstrich schnell und unkompliziert gelingt, empfiehlt sich das Bio-Unigel von Biofarm. Das bewährte Produkt enthält als Geliermittel natürliches Apfelpektin. Weil ausgereifte Früchte viel Fruchtzucker enthalten und Unigel auch Bio-Saccharose enthält, braucht es keinen oder nur einen Bruchteil des angegebenen Zuckers. Bio-Unigel ist im Reformhaus, in Drogerien und online erhältlich.
www.biofarm.ch

Ananas-Kirschtorte

SÜSSES HEBT DIE STIMMUNG

Geht's Ihnen auch so? Manche halten sich beim Hauptgericht zurück, dafür schlagen sie beim Dessertbuffet richtig zu. Bill Watterson, Cartoonist und Erfinder der Comicfiguren «Calvin und Hobbes», sagt von sich: Ich bin nicht Vegetarier, ich bin ein «Dessertarier». Während wir uns den Bitter- und den Salzgeschmack in den ersten Lebensjahren antrainieren müssen, ist das Verlangen nach Süssem angeboren. Das ist eine Schutzfunktion: Muttermilch schmeckt süss und ist für Babys die erste Nahrungsquelle. Was süss schmeckt, ist in der Regel nicht giftig und enthält viele Kohlenhydrate. Damit ist das besondere Verhältnis vieler Menschen zum Süssen erklärt und deshalb dürfen wir uns auch als Erwachsene ab und zu mit gutem Gewissen ein Dessert gönnen. Beispielsweise diese leckere Kirschtorte mit dem exotischen Ananas-Touch.

FÜR EINE SPRINGFORM VON 26CM DURCHMESSER **Biskuit** 5 Eier – 120g Zucker – 1 Prise Salz – 1 Zitrone, abgeriebene Schale – 120g Weissmehl – **Buttercreme** 7dl Milch – 1 Beutel Vanillepuddingpulver (zum Kochen) – 3EL Maisstärke (Maizena) – 1dl kalte Milch – 100g weiche Butter – 2EL Puderzucker – **Torte** 2EL rote Konfitüre – 8–10 Ananasscheiben – ½dl Ananassaft, zum Tränken des Biskuits – ½dl Kirsch, zum Tränken des Biskuits – rote und schwarze eingelegte Kirschen – Schlagrahm – leicht geröstete Mandelblättchen

1. Backofen auf 180°C vorheizen. Boden der Springform mit Backpapier belegen, Ring mit Butter einfetten.
2. Für das Biskuit Eier, Zucker, Salz und Zitronenschale zu einer luftigen, cremigen Masse aufschlagen, Mehl in Portionen unter die Eiermasse ziehen. Teig in die vorbereitete Form füllen. Biskuit auf der zweituntersten Schiene in den Ofen schieben und bei 180°C 30 Minuten backen. Auskühlen lassen.
3. Vanillepulver und Maisstärke mit 1dl Milch glatt rühren. Milch erhitzen, angerührte Creme unterrühren, 2 bis 3 Minuten köcheln lassen. Vanillecreme fast erkalten lassen. Weiche Butter und Puderzucker löffelweise unterrühren.
4. Biskuit aus der Form nehmen, einmal durchschneiden. Biskuitboden auf eine Platte legen und mit der Konfitüre bestreichen, Ring aufsetzen.
5. Ananasscheiben in Stückchen schneiden, auf dem Boden verteilen. Ein Drittel der Vanillecreme darauf verstreichen, Deckel auflegen. Biskuit mit Ananassaft und Kirsch tränken. Restliche Vanillecreme darübergiessen. Mit Ananasstückchen und Kirschen garnieren. Torte kalt stellen. Backring entfernen. Tortenrand mit Schlagrahm bestreichen und mit Mandelblättchen bestreuen.

Kirsch

MAGIE DER LANDSCHAFT IN «HOCHPROZENTIGER» FORM

In keinem anderen Land gibt es pro Einwohner mehr Kirschbäume und nirgends gibt es so viele Kirschensorten wie in der Schweiz. Aus den süssen Früchten alter Hochstammbäume werden edle Brände hergestellt. «Aromatypisch, fruchtig, harmonisch» – so werden die preisgekrönten Edelbrände der Gunzwiler Destillate Urs Hecht AG charakterisiert. In den sortenreinen oder als Lagen-Cuvées erhältlichen Tropfen hat Urs Hecht die Magie der Landschaft eingefangen. Damit führt der Perfektionist eine seit drei Generationen ausgeübte handwerkliche Tradition weiter. Nach mehrjähriger Lagerung und Pflege gelangen die Spezialbrände in limitierter und nummerierter Auflage in den Verkauf. Und wir machen es wie unsere Grossmütter: Das Biskuit oder die Creme wird mit einem «Gutsch» Kirsch aromatisiert.
www.gunzwiler-destillate.ch

Emmentaler Bretzeli

DAS BESSERE VOM GUTEN UNTERSCHEIDEN

Sie machen süchtig, die Emmentaler Butterbretzeli. Sie sind gerade richtig in der Grösse, nicht zu süss, wunderbar buttrig, golden gebacken und knusprig. Perfekt für die kleine Lust nach Süssem. Oder um sie zu verschenken und Freude zu bereiten. Meine Grossmutter stellte sie noch auf dem Holzherd in einer schweren Gusseisenform her, die ins Pfannenloch passte. Den flüssigen Teig goss sie auf das heisse Eisen und klappte den Deckel zu. Den richtigen Zeitpunkt zum Wenden hatte sie im Gespür; so bekamen die Bretzeli nicht zu viel Hitze. Welch ein Fest, wenn wir die ersten «Versuecherli» bekamen. Trocken und kühl gelagert, können Butterbretzeli ein paar Wochen aufbewahrt werden. Allerdings erreichen diese süssen Köstlichkeiten das «Verfalldatum» wohl nur ausnahmsweise.

FÜR 80 BRETZELI 250 g weiche Butter – 250 g Zucker – 4 Eier, verquirlt – 1 Zitrone, abgeriebene Schale – 1 Prise Salz – 500 g Weissmehl

1 Butter und Zucker zu einer cremig-luftigen Masse aufschlagen. Verquirlte Eier, Zitronenschale und Salz unterrühren. Mehl in Portionen zugeben. Zu einem gleichmässigen Teig zusammenfügen. In Klarsichtfolie einwickeln. 1 Stunde kühl stellen.

2 Je Bretzeli etwa 15 g Teig portionieren und gemäss Beschrieb des Bretzelieisen-Herstellers backen.

Bretzeli

EINE BUTTRIG-SÜSSE EMMENTALER SPEZIALITÄT

Die Vorläufer der Bretzeli haben eine über tausendjährige Geschichte. Der älteste Hinweis auf das bekannteste Emmentaler Gebäck datiert aus dem Jahre 1373. In einer anderen bernischen Urkunde aus der Zeit um 1500 wurde per Gesetzeserlass vorgeschrieben, dass sie nur in der Weihnachtszeit hergestellt und verkauft werden durften. Oscar R. Kambly, ein junger Emmentaler Bäcker, hatte das heute noch gültige Originalrezept von seiner Grossmutter erhalten. Damit begründete er 1906 eine Tradition, die zum innovativen Unternehmen wurde, das heute in dritter Generation geführt wird. Nicht nur die Schweizer lieben Kambly Biscuitspezialitäten – mehr als fünfzig Prozent werden exportiert!
www.kambly.com

Aargauer Rüeblitorte

DES AARGAUERS LIEBSTES GEBÄCK

Wenn die Aargauer Regierung Gäste einlädt, gehört die Rüeblitorte zusammen mit dem Aargauer Zwetschgenbraten zum kulinarischen Standardprogramm. Auch beim Kaffeeklatsch und an Geburtstagen zählt die Rüeblitorte zu den beliebtesten Desserts. Kein Wunder: Die Kombination von süssen, saftigen Rüebli, geriebenen Haselnüssen oder Mandeln, frischen Eiern und Gewürzen gibt ein aromatisches Gebäck, das lange feucht bleibt und mit jedem Tag besser wird. Rüebli wurden sicher schon früher nicht nur im «Rüeblikanton» angebaut und Rüeblitorten wohl auch in anderen Kantonen gebacken. Doch für einmal waren die Aargauer schneller und deklarierten das 1892 erstmals in der gedruckten Rezeptsammlung der Haushaltungsschule Kaiseraugst erschienene Rezept als typisches Aargauer Produkt.

FÜR EINE SPRINGFORM VON 24 CM DURCHMESSER 250 g Zucker – 5 Eigelbe – 1 Prise Salz – ½ Zitrone, abgeriebene Schale und Saft – 1 Prise Nelkenpulver – 1 Msp Zimtpulver, nach Belieben – 250 g Karotten, geschält, auf der Bircherraffel gerieben – 250 g geriebene Haselnüsse – 60–100 g UrDinkel-Weissmehl – 1 EL Backpulver – 5 Eiweiss – **Glasur** 200 g Puderzucker – 1 EL Zitronensaft oder Kirsch – 1 EL leicht verquirltes Eiweiss oder Wasser

1 Rand der Springform mit Butter einfetten, Boden mit Backpapier belegen.

2 Zucker, Eigelbe und Salz mit dem Schneebesen luftig aufschlagen. Zitronenschale und Zitronensaft, Gewürze und Karotten unterrühren.

3 Haselnüsse, Mehl und Backpulver mischen.

4 Eiweiss zu Schnee schlagen.

5 Eischnee und Mehlgemisch lagenweise unter die Eigelbmasse ziehen. In die Form füllen.

6 Rüeblitorte auf der untersten Schiene in den kalten Backofen schieben und bei 180 °C 50 bis 60 Minuten backen. 10 Minuten in der Form ruhen lassen, Ring entfernen, Kuchen auf eine Platte stürzen und das Backpapier entfernen. Auskühlen lassen.

7 Für die Glasur Puderzucker in eine Schüssel sieben, Zitronensaft und Eiweiss zufügen, mit der Holzkelle rühren, bis die Masse gleichmässig glatt ist und den Löffel überzieht. Glasur auf die Torte giessen und Oberfläche und Rand durch Hin- und Herbewegen damit überziehen.

VARIANTE Auf eine Glasur verzichten. Stattdessen die Rüeblitorte mit Puderzucker bestäuben und mit einigen Marzipanrüebli garnieren.

UrDinkel

VON NATUR AUS EIN ÖKOGETREIDE

Schon Hildegard von Bingen pries den Dinkel als bestes Getreide: kräftigend, frohmachend und verträglicher als andere Körner. Er gehört zwar nicht zu den ältesten Arten. Doch in 4000 Jahren hat sich wenig an seiner natürlichen Genetik geändert. Bis der Dinkel Anfang des letzten Jahrhunderts vom ertragreicheren und einfacher zu verarbeitenden Weizen verdrängt wurde, gehörte er zu den wichtigsten Grundnahrungsmitteln in der Schweiz. Dem weitsichtigen Aargauer Landwirt und Nationalrat Karl Steiner ist es zu verdanken, dass der Dinkel nicht ganz verschwunden ist. Durch eine gezielte Auslese von alten Schweizer Landsorten entwickelte er um 1910 das Oberkulmer Rotkorn. Diese unverfälschte und nicht mit Weizen gekreuzte Schweizer Dinkelsorte und Ostro, eine Kreuzung von Rotkorn und Rotem Tiroler, werden von der 1995 gegründeten IG Dinkel unter dem Label UrDinkel vermarktet. www.urdinkel.ch

Lebkuchen mit Honigmarzipanfüllung

MIT MANDELMASSE GEFÜLLTE PFEFFERKUCHEN

Vor allem in der Adventszeit umschmeicheln uns die süssen, aromatischen Gewürzdüfte. Das Appenzeller Biberli jedoch hat das ganze Jahr Saison und wird genauso gern zum Znüni wie zum Dessert gegessen. Die lange haltbaren Lebkuchengebäcke waren bereits im Mittelalter bekannt und wurden meistens in den Klöstern gebacken. In verfeinerter Form und mit einer Mandelmasse gefüllt, kennt man sie in der Schweiz erst seit rund 200 Jahren, wie Kochbücher aus St. Gallen belegen. Das hat mit der industriellen Gewinnung von Zucker aus heimischen Runkelrüben zu tun, denn Rohrzucker aus Indien und von der Karibik war vorher genauso kostbar wie die exotischen Gewürze, die zum Biberli gehören. Heute können alle Zutaten jederzeit problemlos beschafft werden: Einem «Probelauf» als Biberli-Bäckerin steht also nichts im Weg.

Lebkuchenteig 500g Dinkelruchmehl – 2EL Lebkuchengewürz – 1 Bio-Orange, abgeriebene Schale – 90g Rohrohrzucker – 1½TL Natron – 1½dl warme Milch – 250g dickflüssiger Honig – **Honigmarzipan-Füllung** 100g Mandeln – 10g Bittermandeln (Reformhaus) – 70g heller Honig – 1 EL Rosenwasser (Drogerie / Reformhaus)

1 Für den Marzipan Mandeln mit kochendem Wasser überbrühen, kalt abschrecken. Aus der Schale drücken. Trocknen lassen. Alle Zutaten für die Fülllung im Cutter zu einer feinen Masse verarbeiten. In einem Glas mit Schraubverschluss aufbewahren.

2 Für den Teig Mehl, Lebkuchengewürz, Orangenschale und Zucker mischen. Natron in wenig warmer Milch auflösen und zum Mehl geben. Restliche Milch und Honig unterrühren, einen geschmeidigen Teig kneten, eventuell braucht es noch etwas Mehl. Teig in Klarsichtfolie einwickeln. 1 Stunde ruhen lassen.

3 Teig 6mm dick ausrollen, beliebige Formen ausstechen oder schneiden. Marzipan 3mm dick ausrollen, 1cm kleiner ausstechen / ausschneiden als den Teig. Auf den Teig legen. Teigrand mit Wasser bepinseln, zweites Teigstück darauflegen, Rand gut andrücken.

4 Gefüllte Lebkuchen im vorgeheizten Ofen bei 200°C 15 bis 20 Minuten backen.

Lebkuchen

HONIG IM TEIG UND IN DER FÜLLUNG

Honig ist im Lebkuchen und insbesondere in der Füllung unverzichtbar. Für den aromatischen Lebkuchenteig kann auch der dunkle Waldhonig – in der Fachsprache Honigtauhonig – mit dem würzigen, malzähnlichen Aroma verwendet werden. Waldhonig ist meist flüssig, weil er viel langsamer kristallisiert als Blütenhonig. Für den Waldhonig sammeln die Bienen nicht Nektar aus Blüten (für Blütenhonig), sondern zuckerhaltige Ausscheidungen von pflanzensaugenden Insekten, welche die eigentlichen Honigtauerzeuger sind. Honigtau finden die Bienen bei den Nadelbäumen wie Rot- und Weisstanne, Kieferarten und Lärche. Bei den Laubbäumen sind es Linde, Ahorn und Eiche. Die Honigmarzipanfüllung mit Blütenhonig gibt einen schönen aromatischen Kontrast zum Lebkuchen mit Waldhonig.

Engadiner Nusstorte

EINE AROMASTARKE KÖSTLICHKEIT AUF DEM DESSERTTELLER

Baumnüsse gehören zur Vielfalt des herbstlichen «Erntedankfests». Die Engadiner Nusstorte aber ist das ganze Jahr begehrt. Allerdings war sie ursprünglich keine einheimische Spezialität. Wie sollte sie auch? Im Bündner Hochtal wachsen keine Nussbäume. Die köstliche Kalorienbombe ist Aushängeschild vieler Bündner Bäckereien. Das exquisite Mürbeteiggebäck mit dem karamelligen Innenleben aus grob gehackten Baumnüssen und Honig zeichnet sich durch seine lange Haltbarkeit aus. Im Kühlschrank aufbewahrt, schmeckt sie auch nach zwei Monaten noch frisch wie am ersten Tag.

FÜR EINE SPRINGFORM VON 26CM DURCHMESSER **Mürbeteig** 150g weiche Butter – 150g Zucker – 1 Ei – ½ Eigelb – 1 Zitrone, abgeriebene Schale – 350g Weissmehl – 1 Eigelb, wenig Wasser – **Füllung** 2½dl Rahm – 50g Honig – 250g Zucker – 250g Baumnüsse, grob gehackt

1 Für den Mürbeteig Butter, Zucker, Ei, Eigelb und Zitronenschale glatt rühren, Mehl dazusieben, zu einem glatten Teig zusammenfügen, nicht kneten. Teig 60 Minuten zugedeckt kühl stellen.

2 Rahm leicht erwärmen, Honig unterrühren. Zucker in einer Gusseisenpfanne hellbraun karamellisieren, mit dem Honig-Rahm ablöschen, Nüsse zufügen.

3 Boden der Springform mit Backpapier belegen, Rand mit Butter einfetten. Backofen auf 200°C vorheizen.

4 Mürbeteig in 3 gleich grosse Portionen teilen, eine Portion auf dem Boden der Springform ausrollen. Ring aufsetzen. Aus der zweiten Teigportion für den Rand eine Rolle formen, in die Form legen und andrücken, leicht hochziehen, Rand mit verdünntem Eigelb bepinseln. Füllung in die Form füllen. Für den Deckel restlichen Teig rund ausrollen, mit einer Gabel einige Male einstechen, auf die Füllung legen und sanft andrücken, Deckel mit Eigelb bepinseln.

5 Engadiner Nusstorte in der Mitte in den Ofen schieben und bei 200°C 30 Minuten backen.

Nusstorte

WER HAT SIE ERFUNDEN?

Die «Tuorta da nusch engiadinaisa» gehört zum Engadin wie der Bernina-Express. Unterschiedliche Geschichten kursieren über die Herkunft der «berühmtesten Engadinerin» und darüber, welches das Originalrezept ist. Doch egal, ob es sich um ein altes Familienrezept, das «Heimkehrer-Rezept» eines in Toulouse hergestellten «Gâteau aux noix» oder die Kreation eines nach Chur ausgewanderten Thurgauer Confiseurs handelt, die Torte hat bis heute durchschlagenden Erfolg und wird in alle Welt exportiert. Von Kennern wird das nahrhafte Gebäck des alteingesessenen Confiseriegeschäfts Hauser in St. Moritz als eines der besten gepriesen. Wie die Engadiner Nusstorte gehören die Vorfahren des Traditionsunternehmens zu den «Zugezogenen» – 1892 von Deutschland nach Zürich und 1954 nach St. Moritz.
www.schoggishop.ch

Bienenstich

IMMER EINE SÜNDE WERT

Diesen «Bienenstich» lässt man sich gern gefallen: Es geht um das flache Hefegebäck mit dem feinen Nussbelag. Trotzdem ist es nicht selbstverständlich, dass Merishausen, ein hübsches kleines Dorf im Schaffhausischen, mit dieser süssen, ursprünglich aus Deutschland kommenden Spezialität in die Annalen des «Kulinarischen Erbes der Schweiz» eingegangen ist. Zu verdanken hat sie das zwei Besonderheiten: der langen Teigführung und dem Guss, der aus viel Honig, gehackten, geschälten Mandeln und Butter besteht. Anders als bei der Herstellung des herkömmlichen Bienenstichs, wie man ihn im deutschen Sprachraum kennt, besteht die Kunst darin, dass der Honig karamellisiert und eine Kruste bildet und der Hefeteig trotzdem aufgeht.

FÜR EIN GROSSES RECHTECKIGES BACKBLECH **Hefeteig** 600g Weissmehl – 40g Hefe – 1 EL Blütenhonig – 2 TL Salz – 3½ dl lauwarmes Wasser – 60g flüssige Butter – **Belag** 150g geschälte Mandeln, grob gehackt – 150g Butter – 150g Blütenhonig – 3 EL Rahm – 1 Zitrone, abgeriebene Schale – 1 TL Zimtpulver

1 Mehl in eine Teigschüssel geben. Hefe, Honig und Salz im Wasser auflösen und zum Mehl geben, zu einem Teig zusammenfügen, 10 Minuten kräftig kneten, am besten mit der Küchenmaschine. Hefeteig zugedeckt 15 bis 20 Minuten gehen lassen. Flüssige Butter unter den Teig arbeiten. Die Butter macht den Teig geschmeidiger.

2 Backofen auf 200 °C vorheizen. Backblech mit Butter einfetten.

3 Für den Belag Butter und Honig erwärmen, bis beides flüssig ist, Mandeln, Rahm, Zitronenschale und Zimt unterrühren.

4 Hefeteig mit einem kleinen Teigroller direkt im Blech ausrollen. Mandelmasse darauf verstreichen.

5 Bienenstich in der Mitte in den Ofen schieben und bei 200 °C 30 Minuten backen.

Bienenstich

EINE SÜSSE SCHLACHT

In der deutschen Küche gilt der Bienenstich als Klassiker. Seinen Ursprung hat das seit mehr als 500 Jahren bekannte Gebäck in Andernach am Rhein. Die Legende erzählt, dass zwei Bäckerjungen die Bienenstöcke auf der Stadtmauer plündern wollten. Doch ausgerechnet in jener Nacht standen die Linzer vom gegenüberliegenden Rheinufer vor den Stadttoren und wollten sich an den Andernachern rächen. Geistesgegenwärtig verzichteten die beiden Burschen auf den Honig und warfen die Bienenstöcke auf die Angreifer, die von den Bienen in die Flucht geschlagen wurden. Das Gebäck soll in Erinnerung an diese Heldentat kreiert worden sein.

Zuger Kirschtorte

HOCHSTEHENDE TORTENKUNST

Wer einmal davon gekostet hat, der will mehr. Die Zuger Kirschtorte ist eine raffinierte Kombination von irdischer Bäckerkunst und «himmlischem» Destillat aus süssen Zuger Kirschen. Sie besteht aus zwei Japonaisböden und einem Biskuit, das tüchtig mit Kirschsirup getränkt wird. Damit er nicht ausläuft, wird das Biskuit von der Buttercrème «flankiert». Geröstete Mandelblättchen am Tortenrand und eine Puderzuckerschicht mit Rautenmuster bilden den Abschluss. Mit dieser gehaltvollen Torte, die zur hohen Backkunst zählt, kann man sogar bei Männern punkten, die nicht unbedingt auf Süsses stehen.

FÜR EINE SPRINGFORM VON 24-26 CM DURCHMESSER **Japonais** 3 Eiweiss – 150 g Zucker – 1 Prise Vanillezucker – 100 g geriebene Mandeln **Biskuit** 4 Eigelbe – 3 EL Wasser – 70 g Zucker – 50 g Weissmehl – 75 g Maisstärke – 1 TL Backpulver – 1 Eiweiss – 30 g Zucker – **Füllung** 30 g Maisstärke – 2½ dl Milch – 75 g Zucker – 2 EL Himbeer- oder Johannisbeergelee – 1 TL Vanillezucker – 150 g weiche Butter – **Sirup** 1 dl Wasser – 60 g Zucker – 1 dl Kirsch – **Garnitur** 80 g Mandelblätttchen, leicht geröstet – Puderzucker

1 Für das Japonais 2 Papierrondellen ausschneiden, etwas grösser als die Form, auf Bleche legen. Eiweiss halb steif schlagen, Zucker und Vanillezucker zugeben, zu Schnee schlagen, Mandeln unterziehen. Mandelmasse auf Backpapieren verstreichen. Im vorgeheizten Ofen bei 100 °C rund 90 Minuten trocknen lassen.

2 Rand der Springform einfetten, Boden mit Backpapier belegen. Für das Biskuit Eigelbe, Wasser und Zucker luftig-cremig aufschlagen. Mehl, Maisstärke und Backpulver dazusieben, unterrühren. Eiweiss mit Zucker steif schlagen, unterziehen. In die Form füllen. Im vorgeheizten Ofen bei 180 °C 25 Minuten backen.

3 Für die Füllung Maisstärke mit 2 bis 3 EL Milch glatt rühren. Restliche Milch erhitzen, angerührte Maisstärke und Zucker zugeben, unter Rühren aufkochen und köcheln, bis die Creme bindet, Konfitüre unterrühren. Creme unter Rühren erkalten lassen. Vanillezucker unterrühren. Butter löffelweise unterschlagen.

4 Japonaisboden auf eine Tortenplatte legen, ¼ der Buttercreme darauf verstreichen. Biskuit darauflegen, mit Kirschsirup beträufeln. ¼ der Buttercreme daraufstreichen. 2. Japonaisboden darauflegen. Restliche Creme auf Rand und Oberfläche auftragen. Mandelblättchen an den Rand drücken. Mit Puderzucker bestäuben.

Traditionsprodukte

EIN STÜCK KULINARISCHES ZUGER KULTURGUT

Es gibt Hobbybäckerinnen, welche die Zuger Kirschtorte selber backen. Persönlich halte ich mich lieber an das fertige Original aus Zug. Erfunden wurde diese weltbekannte Spezialität nicht im Familienbetrieb Speck, sondern von Karl Höhn. Dafür dürfte die heute in 4. Generation geführte Confiserie Speck zu den ältesten noch existierenden Bäckereien/Konditoreien in Zug gehören. Und Karl K. Speck, der Sohn des Firmengründers, war der Erste, der 1945 in Zug ein Tearoom eröffnete. Zu Specks Traditionsprodukten, die in die ganze Welt verschickt werden, gehört die Zuger Kirschtorte, die heute noch mit grossem Erfolg und mit der gleichen handwerklichen Leidenschaft hergestellt wird wie zur Zeit unserer Urgrossväter. www.speck.ch

Zürcher Tirggel

ESSBARE BILDERKUNST

Er muss hart sein – darum wird der Tirggel bei 300 °C gebacken. Ein Blickfang auf dem typischen Zürcher Honiggebäck sind die vielseitigen Bildmotive – es hat wahre Kunstwerke darunter. Der Tirggel gehört zu jenen Süssigkeiten, die nicht in rauen Mengen verspeist werden. Vielmehr ist er ein Genussmittel, der das geschmackliche Sensorium anspricht: Biss für Biss entfaltet er seine «inneren», von Honig und aromatischen Gewürzen bestimmten Werte. Der Tirggelbäcker Heinrich Honegger empfiehlt, das Honiggebäck am Vortag fertig herzustellen. Damit es antrocknen kann und beim Backen nicht verläuft, wird es über Nacht stehen gelassen. Vom Einsatz von Backtrennpapier rät er ab, da es sich bei der hohen Hitze entzünden könnte.

230 g Honig – 50 g Puderzucker – je ½ TL Zimt-, Nelken-, Ingwer-, Koriander- und Anispulver – 1 EL Rosenwasser – 350 g Weissmehl – Öl, zum Bepinseln

1 Honig, Puderzucker, Gewürze und Rosenwasser in eine Schüssel geben und im Wasserbad erhitzen, bis sich die Zuckerkristalle aufgelöst haben, auskühlen lassen. Mehl nach und nach unterrühren und zu einem glatten Teig zusammenfügen. Teig in Klarsichtfolie einschlagen und bei Zimmertemperatur über Nacht stehen lassen.

2 Backblech leicht einfetten und mit Mehl bestäuben (kein Backpapier verwenden, weil sich das Papier bei einer Temperatur von 300 °C entzünden kann).

3 Teig auf bemehlter Arbeitsfläche 2 mm dick ausrollen. Model mit wenig Öl bepinseln (vor jedem Gebrauch wiederholen), ausgerollte Teigstücke in der Grösse des Models darauflegen und gut andrücken. Je gleichmässiger das Model in den Teig gedrückt wird, desto plakativer wird das Bild. Teig sorgfältig ablösen, Rand nach Belieben geradeschneiden. Auf das vorbereitete Blech legen. Über Nacht ruhen lassen.

4 Backofen auf 300 °C Oberhitze vorheizen.

5 Tirggel auf der obersten Schiene in den vorgeheizten Ofen schieben und 2 Minuten backen.

Bildgebäck

VOM KULT- UND HEILGEBÄCK ZUM GENUSSMITTEL

Bildgebäck gab es schon in den antiken Hochkulturen. Im Mittelalter erhielt das mit Gewürzen angereicherte Backwerk im Zusammenhang mit religiösen Bräuchen eine besondere Bedeutung und wurde auch als Heilmittel gegen körperliche und seelische Leiden eingesetzt. Später hatte das Gebäck den Status einer Nascherei, die sich nur reiche Leute leisten konnten. Honigkuchen kennt man in vielen Regionen. Der Tirggel aber ist eine typische Zürcher Spezialität, die bis zur Aufhebung der Zunftherrschaft (1840) ausschliesslich von der städtischen Bäckerzunft hergestellt werden durfte. Heute wird das Gebäck meist industriell hergestellt. Die alten Model sind aus Holz geschnitzt. Beliebte Sujets sind Bibelszenen, Wappen, Szenen aus dem Alltag, aus dem bäuerlichen Leben, Natursujets usw.

Schnelles Früchtebrot

DIE INNEREN WERTE ZÄHLEN

Trockenfrüchte sind Bestandteil vieler traditioneller Speisen. Kuchen und Gebäck verleihen sie eine natürliche Süsse und ein fruchtiges Aroma. Im Alpenraum war es bis ins letzte Jahrhundert Tradition, Getreide und teure Produkte mit gedörrten Birnen oder Äpfeln zu strecken. So entstand auch das Früchtebrot. Es galt lange Zeit als typisches Advents- und Neujahrsgebäck. Bei den Früchten und den Nüssen darf variiert werden. Es schmeckt wunderbar zu Kaffee und Tee. Es kann aber auch mit Wein und Käse oder Trockenfleisch kombiniert werden. Nicht zuletzt eignet es sich als nahrhafter Rucksackproviant auf Bergtouren, denn es bleibt lange saftig und ist immer ein Genuss.

FÜR EINE CAKEFORM VON 30 CM LÄNGE 130 g Blütenhonig – 4 Eier – 180 g Dinkel- oder Weizenvollkornmehl – 1 TL Backpulver – 2 TL Zimtpulver – 180 g grob geriebene oder gehackte Mandeln – 200 g getrocknete Früchte (Zwetschgen, Äpfel, Birnen, Aprikosen), grob zerkleinert – 350 g Weinbeeren – 100 g Orangeat, fein gehackt – 130 g entsteinte Datteln, fein gehackt

1 Backofen auf 160 °C vorheizen. Cakeform mit Butter einfetten.

2 Honig und Eier luftig aufschlagen, das dauert etwa 10 Minuten. Mehl, Backpulver und Zimt unterrühren, Nüsse und Früchte unterrühren. Teig in die Form füllen.

3 Früchtebrot in der Mitte in den Ofen schieben und bei 160 °C 1 Stunde backen. Auskühlen lassen. Früchtebrot in Alufolie einpacken und ein paar Tage ruhen lassen.

TIPP Das Früchtebrot ist eine ideale Zwischen- oder Pausenverpflegung für Schulkinder.

Trockenfrüchte

WAS ES MIT DER FARBE AUF SICH HAT

Wenn Trockenfrüchte wie Aprikosen, Apfelringe, Birnen & Co. eine schöne frische Farbe haben, sind sie vor dem Trocknen mit Schwefeldioxid behandelt worden (muss bei Dörrobst auf der Verpackung deklariert werden). Bei Pflaumen/Zwetschgen ist das nicht augenfällig. Geschwefelt wird bei konventionellem Dörrobst allgemein zum Schutz gegen Schädlinge. Schwefelungen können Kopfschmerzen und allergische Reaktionen auslösen. Auch das Begasen zum Abtöten von Eiern und Larven der Dörrobstmotte ist nicht unbedenklich und muss deklariert werden. Spuren von Gas bleiben am Dörrobst haften; das Gas begünstigt Allergien, Nervenkrankheiten, ja sogar Krebs. Wer kein Risiko eingehen will, kauft Bio-Trockenfrüchte.

Butterzopf

EIN KÖSTLICHER «ALTER» ZOPF

«Neben den Käse stellte sie die mächtige Züpfe … geflochten wie die Zöpfe der Weiber, schön braun und gelb, aus dem feinsten Mehl, Eiern und Butter gebacken … », so beschreibt Jeremias Gotthelf, was im Emmental an einer Kindstaufe aufgetischt wurde. Dr. Max Währen, eine Schweizer Kapazität auf dem Gebiet der Brotforschung, vermutet, dass der Butterzopf eine Erfindung der Bäckerzünfte war, die sich im 13. Jahrhundert bildeten. Der aus drei bis sechs Strängen geflochtene Zopf galt bis ins letzte Jahrhundert als Fest- und Sonntagsgebäck. Unter anderem war es üblich, den Patenkindern zu Weihnachten oder Neujahr eine «Ankezüpfe» zu schenken, in der je nach Reichtum oder Grosszügigkeit der Paten eine Münze aus Gold oder Silber steckte. Zum Sonntagszmorge ist der Butterzopf in vielen Familien noch heute obligatorisch.

500 g Zopf- oder Weissmehl – 10 g Salz – 3 dl Milch – 10 g Hefe – 50 g weiche Butter – 1 Eigelb, zum Bepinseln

1 Hefe in der Milch auflösen.
2 Mehl und Salz mischen, Milchhefe und Butter zugeben, zu einem glatten, geschmeidigen Teig kneten. Teigschüssel mit einem feuchten Tuch zudecken, Hefeteig bei Zimmertemperatur auf das doppelte Volumen aufgehen lassen.
3 Backofen auf 220 °C vorheizen.
4 Zopfteig in zwei gleich grosse Portionen teilen, zwei 50 bis 60 cm lange Rollen drehen und zu einem Zopf flechten. Zopf auf ein mit Backpapier belegtes Blech legen. Eigelb mit ein paar Tropfen Wasser verflüssigen, Zopf damit bepinseln.
5 Butterzopf auf der zweituntersten Schiene in den vorgeheizten Ofen schieben und bei 220 °C 30 Minuten backen. Auf einem Kuchengitter auskühlen lassen.

Hefe

TRIEBKRAFT IM TEIG

Sie mag ein «alter Zopf» sein, unsere heiss geliebte Sonntagszüpfe. Doch die Hefe, ein kleines, aber wichtiges Detail für den Teig, ist noch weit älter: Bereits Pharaonen stellten Brot aus Sauerteig her, in dem sich die Hefepilze auf natürliche Weise bildeten. Diese verwandeln die (Mehl-)Stärke in Kohlendioxid und sorgen so dafür, dass der Teig «aufgeht». Backhefe, wie wir sie heute kennen, hat ihren Ursprung in der obergärigen Bierhefe und wird seit Mitte des 19. Jahrhunderts industriell hergestellt. Die Firma Hefe Schweiz AG stellt das altbekannte Naturprodukt seit über 100 Jahren her. Sie verbindet Tradition mit Innovation: Als weltweit erstes Unternehmen entwickelte sie eine Bio-Hefe auf Melassebasis, welche die strengen Richtlinien der Bio Suisse (Knospen-Label) erfüllt.
www.hefe.ch

Maisbrot nach Landfrauenart

«SCHÖN GELB UND MÜRBE»

Wenn es ums Kochen und Backen geht, muss man den Landfrauen nichts vormachen. Zu ihrem Fundus gehören alte und neue Rezepte, die vorwiegend aus einheimischen Produkten zubereitet werden können. Der Maisanbau im St. Galler Rheintal wurde 1571 erstmals schriftlich erwähnt. Auch in Österreich hatte der Mais eine grosse Bedeutung: Im 1916 in Wien erschienenen «Kochbüchlein für knappe Zeiten» gibt es doppelt so viele Rezepte mit Mais wie mit Kartoffeln. Darin wird empfohlen, den Kuchen vor dem Einschieben in die Röhre mit Fett oder süssem Rahm und Ei zu bestreichen, dann werde er «besonders schön und mürbe». Dass die Schweizer Variante gelegentlich auch «Türkenbrot» genannt wird, lässt auf die Verwandtschaft mit Ribelmais schliessen, das ebenfalls von Linthmais produziert wird.

FÜR 3 LÄNGLICHE BROTE 20 g Hefe – 1 EL flüssiger Honig – 1 dl lauwarmes Wasser – 350 g Weissmehl – 150 g feines Maismehl – 1 TL Salz – 50 g flüssige Butter – 2–2½ dl Milch – Maismehl, zum Bestäuben

1 Hefe und Honig im Wasser auflösen.

2 Mehle und Salz in der Teigschüssel mischen, eine Vertiefung drücken, Hefeflüssigkeit in die Vertiefung giessen. 2 bis 3 Esslöffel Mehl unterrühren. Vorteig 15 Minuten gehen lassen. Butter und Milch zum Vorteig geben. Zu einem glatten, geschmeidigen Teig kneten. Teigschüssel mit einem feuchten Tuch zudecken, Hefeteig auf das doppelte Volumen aufgehen lassen.

3 Teig in drei Portionen teilen und diese länglich formen, gut mehlen, auf ein Blech legen, Maisbrote 3- bis 4-mal schräg einschneiden. Nochmals 15 Minuten gehen lassen.

4 Backofen auf 210 °C vorheizen.

5 Maisbrote in der Mitte in den vorgeheizten Ofen schieben und bei 210 °C 10 Minuten backen, Ofen auf 150 °C zurückschalten, Ofentüre kurz öffnen. Maisbrote 10 bis 15 Minuten fertig backen.

Maismehl

INKAGOLD AUF DEM SPEISEPLAN

Neben Reis und Getreide gehört Mais zu den wichtigsten Grundnahrungsmitteln weltweit. Er ist gesund, nahrhaft und preisgünstig. Der Speisemais stammt heute zu einem grossen Teil aus Argentinien und Nordamerika. Doch auch in der Linthebene und im Rheintal wurde bereits im 16./17. Jahrhundert Mais angepflanzt. Durch Selektion entstanden regionentypische Sorten, die sich im Laufe der Zeit an die spezifischen klimatischen Bedingungen anpassten. Dank dem Engagement von Idealisten, die 2001 den Verein Linthmais gründeten, erlebt diese alte Landmaissorte, die es in diversen Typen gibt, eine Renaissance. Das Ribelimehl und die verschiedenen Polenta-Varianten sowie die Linthmais Tortilla-Chips können an verschiedenen regionalen Verkaufsstellen und online bestellt werden.

www.linthmais.ch

DESSERTS

Griessköpfchen

RENAISSANCE FÜR NOSTALGISCHES DESSERT

Warum wohl sind Griessköpfli so oft auf den Speisekarten von Alters- und Pflegeheimen zu finden? Klar, es schmeckt immer und weckt nostalgische Gefühle. Besonders, wenn Sultaninen drin sind. Fein schmecken sie auch, wenn sie mit Himbeersirup, Früchtekompott, frischen Saisonbeeren, Fruchtsaucen, gerösteten Nüssen oder Mandelblättchen serviert werden. Allerdings sollte man sich beim Hauptgang etwas zurückhalten, denn Griess ist ziemlich nahrhaft. Auch das Selbermachen ist keine Hexerei. Also, wann gönnen Sie sich wieder einmal ein Griessköpfli? Wenn etwas übrig bleibt, kann es in Scheiben geschnitten, durch ein verquirltes Ei gezogen, in Paniermehl oder gemahlenen Nüssen gewendet und in Bratbutter knusprig gebraten werden.

FÜR 4 FÖRMCHEN 4 dl Milch – 1 Prise Vanillepulver oder ½ Briefchen Vanillezucker mit echter Bourbon-Vanille – 1 EL Zucker – 60 g Dinkel- oder Weizengriess – 1 Prise Salz

Alle Zutaten in einer Pfanne glatt rühren, unter Rühren aufkochen, 5 Minuten kochen lassen. Griessbrei in die mit kaltem Wasser ausgespülten Förmchen füllen. Abkühlen lassen. Über Nacht in den Kühlschrank stellen.

SERVIERVORSCHLAG Köpfchen stürzen. Mit einer Sauce nach Wahl servieren, zum Beispiel einer Vanille- oder Fruchtsauce.

Dinkelvollgriess

ALTMODISCHES FÜR DIE NEUZEITLICHE KÜCHE

Die Körner fast aller Getreidesorten lassen sich vermahlen. Bei mittelfeiner Mahlung entsteht Griess. Er gilt als kohlehydratreiches, preisgünstiges Lebensmittel. Er erfordert keine komplizierte Zubereitung und sorgt in der neuzeitlichen Küche für Abwechslung. Von ausgesuchter Schweizer Bio-Qualität ist der Dinkelvollgriess der Biofarm. Die Produkte werden nach den strengen Richtlinien von Bio Suisse hergestellt und von unabhängiger Stelle kontrolliert. Übrigens war Griess ein fester Bestandteil der vom berühmten Kräuterpfarrer Johann Künzle entwickelten Magenschondiät.
www.biofarm.ch

Minzeparfait im Filoteigkörbchen

PARFAIT PERFEKT

Dessert geht immer, auch wenn man eigentlich schon lange satt ist. Vor allem, wenn es gut rutscht wie dieses Minzeparfait. Es ist leicht herzustellen. Aber man muss genügend Zeit für den Gefrierprozess einrechnen. Übersetzt bedeutet Parfait «vollkommen, hervorragend». Das Halbgefrorene ist in der Tat hervorragend, aber recht kalorienreich. Im Gegensatz zum Speiseeis oder zum Sorbet enthält es nämlich Eigelb. Das ergibt zusammen mit Rahm eine cremige Struktur ohne störende Eiskristalle. Darum muss die Masse, die in einer Form gefroren wird, während des Gefrierprozesses nicht gerührt werden.

4 Minzezweiglein – 2½dl Milch – 1½dl Rahm – 3 Eigelbe – 125g Zucker – 80g dunkle Kuverture, gehackt – **Filoteigkörbchen** 2 Filoteigblätter – 1 EL flüssige Butter – flüssige Butter, zum Einfetten – Minzestreifchen, für die Garnitur

1 Für das Parfait die Minzeblättchen von den Stielen zupfen und grob hacken. Milch und Rahm aufkochen, Minze zugeben, mindestens 30 Minuten zugedeckt ziehen lassen. Eigelbe und Zucker luftig aufschlagen. Minzemilch durch ein feines Sieb giessen, zurück in den Topf geben und unter Rühren mit dem Schneebesen unter dem Kochpunkt (nicht kochen) erhitzen. In einer Schüssel zugedeckt auskühlen lassen, dann über Nacht im Kühlschrank ziehen lassen. Am nächsten Tag Couverturewürfelchen zufügen, Parfaitmasse in der Eismaschine gefrieren lassen. Oder Masse in eine Tiefkühldose füllen und im Tiefkühler gefrieren lassen (nicht rühren; der Fettanteil ist so hoch, dass sich keine Eiskristalle bilden können).

2 Filoteigblätter mit der flüssigen Butter bestreichen. In 10cm grosse Quadrate schneiden, in 4 mit Butter eingefettete Tarteletteförmchen legen, ein zweites Teigblatt verschoben darauflegen. Im vorgeheizten Ofen bei 180°C etwa 10 Minuten backen. Auskühlen lassen.

3 Je 2 Parfaitkugeln in ein Filoteigkörbchen geben, mit Minze garnieren.

Confiserie Bachmann

SÜSSE KRÖNUNG

«Ein klein wenig Süsses kann viel Bitteres verschwinden machen» – Francesco Petrarca, von dem dieses Zitat stammt, lebte im 14. Jahrhundert. Zucker war damals ein Luxusgut, und die Schokolade kannte man noch nicht. Doch er hatte Recht, denn die Lust nach Süssem liegt in unseren Genen. Süsses macht glücklich, dient als Seelentrösterin, Stresspuffer oder Belohnung. Das weiss auch die Süsswarenindustrie. Doch zu viel des Süssen ist schon aus figurtechnischen Gründen nicht opportun. Darum gilt die Devise: «Lieber weniger, dafür vom Besseren.» Das Bessere findet man in der Confiserie Bachmann in der Leuchtenstadt Luzern und ihren Fachgeschäften in der näheren und weiteren Region. Denn «manchmal braucht der Leib etwas Gutes, damit die Seele Lust hat, darin zu wohnen».

www.confiserie.ch

Mostkuchen

EINHEIMISCHE «KRAFTQUELLEN»

Dass man den Süssmost nicht einfach im Fass lässt, bis er sauer wird, wussten wir noch nicht, als wir auf dem Kinderkochherd unsere Süssmostcreme kochten. Den Apfelwein, «suure Moscht», wie wir ihn nannten, überliessen wir gern den Männern, die manchmal beim Heuladen und bei anderen schweren Arbeiten auf dem Land mithalfen. Das Mostkuchenrezept, bei dem vergorener Most für die Füllung verwendet wird, fiel mir erst viel später in die Hände. Der Mostkuchen ist eine Entdeckung, denn er gehört zur schnellen Sorte und der Abwasch hält sich in Grenzen. Mit seinem säuerlich-erfrischenden Aroma dürfte er ganz besonders jenen Naschkatzen gefallen, die Süsses, aber nicht allzu Süsses mögen.

FÜR EIN KUCHENBLECH VON 26 CM DURCHMESSER **Mürbeteig** 200 g Weissmehl – ½ TL Salz – 100 g kalte Butterstückchen – ¾ dl Wasser – **Füllung** 3 EL Mehl – 5 EL Zucker – 1½ dl vergorener Süssmost (Apfelwein) – 50 g Butterflocken – 1 Msp Zimtpulver

1 Für den Teig Mehl und Salz mischen, mit Butterstückchen krümelig reiben, Wasser beifügen, rasch zu einem Teig zusammenfügen, nicht kneten. Teig zwischen Klarsichtfolien auf Formgrösse ausrollen, in die eingefettete Form stürzen. 30 Minuten kühl stellen.

2 Backofen auf 240 °C vorheizen.

3 Mehl mit der Hälfte des Zuckers mischen und auf den Teigboden verteilen. Vergorenen Süssmost darübergiessen. Butterflocken darauf verteilen. Zum Schluss restlichen Zucker und Zimt darüberstreuen.

4 Mostkuchen auf zweitunterster Schiene in den Ofen schieben und bei 240 °C 20 Minuten backen.

Apfelmost

SÜFFIGES AUS DEM SCHWEIZER BAUMGARTEN

Wer Schweizer Süssmost oder Apfelwein verlangt, meint «Ramseier». Das 1910 im Emmental gegründete Selbsthilfe-Unternehmen hat im Lauf der Jahre etliche Änderungen erlebt und ist unterdessen eine Aktiengesellschaft. Doch die Marke Ramseier steht noch immer für den bekanntesten Fruchtsaft-Hersteller in der Schweiz. Ob Apfelwein oder Gärmost – beides macht deutlich, dass der Saft aus Äpfeln und Birnen einen biochemischen Prozess durchgemacht hat. An diesem sind Hefen beteiligt, die den Fruchtzucker in Alkohol und Kohlensäure umwandeln. Je nach Zuckergehalt liegt der Alkoholgehalt nach der Vergärung zwischen 4 und 6 Prozent. Dank neuen Verfahren kann sogar alkoholfreier Apfelwein hergestellt werden. Als Getränk passt er gut zu rustikalen Speisen und beim Kochen ersetzt er den Wein. www.ramseier.ch

Rosen-Panna-cotta

BLUMIGE NACHSPEISE

Kürzlich waren wir zu einem runden Geburtstag eingeladen. Das Essen war erstklassig und das Dessertbuffet ein Gedicht mit unwiderstehlichen Kreationen aus Früchten und essbaren Blüten. Blumen sind nämlich nicht nur schmückende Dekoration und auch kein neuer Küchen-Gag. Doch im eigenen Haushalt gestaltet sich die Suche nach ungespritzten Blüten recht aufwändig. Es sei denn, man besitzt einen Blumengarten. Die Panna cotta mit Rosenblättern schmeckt himmlisch, und die Zubereitung ist weniger kompliziert, als man annehmen könnte. Dekoriert mit frischen Rosenblättern, bildet es das exquisite Finale jedes Festessens. Wer Geduld hat, kann die Blütenblätter von Duftrosen sogar selber kandieren. Luftdicht verpackt und kühl gelagert, sind sie bis zu einem halben Jahr haltbar.

FÜR 4 BIS 6 PORTIONENFÖRMCHEN, JE NACH GRÖSSE KÖPFCHEN 3 dl Rahm – 2 Duftrosen (unbehandelt, biologisch), am besten aus dem Hausgarten – 2 g Agar-Agar-Pulver (Reformhaus) – 50 g Zucker – 2 TL Rosenblütenwasser – **Garnitur** Himbeeren, Erdbeeren, Brombeeren – Rosenblütenblätter

1 Rosenblütenblätter vom Blütenkopf zupfen und weissen Blattansatz (er ist bitter) abschneiden. Blütenblätter in eine kleine Schüssel legen, Rahm dazugiessen. 24 Stunden zugedeckt in den Kühlschrank stellen und den Rahm aromatisieren. Durch ein Sieb passieren.

2 Rahm, Agar-Agar-Pulver und Zucker in einer Pfanne glatt rühren, unter Rühren aufkochen, mit dem Rosenblütenwasser parfümieren. Creme in die kalt ausgespülten Förmchen füllen, abkühlen lassen. 4 Stunden kühl stellen.

3 Panna-cotta-Köpfchen auf Teller stürzen, mit Beeren und Rosenblütenblättern garnieren, ein wenig Rosenblütenwasser darüberträufeln.

ROSENBLÜTENWASSER Ein kleines Glas mit Schraubverschluss mit Rosenblütenblättern (weissen Blattansatz abschneiden) füllen. Mit heissem Wasser auffüllen. Glas verschliessen. Über Nacht ziehen lassen. Rosenblütenwasser ist auch im Reformhaus und im Bio-Laden erhältlich.

VARIANTE Rosenblüten durch eine Holunderblütendolde ersetzen. Diese auf Ungeziefer kontrollieren. Blüten abschneiden. Blütenwasser mit Holunderblüten zubereiten.

Agar-Agar von Morga

PFLANZLICHES GELIERMITTEL

Panna cotta ist mehr als gekochter Rahm. Damit sie zum standfesten Köpfchen wird, muss die Flüssigkeit gebunden werden. Auf das im asiatischen Raum seit Jahrhunderten gebräuchliche Agar-Agar aufmerksam geworden sind die Konsumenten, weil sie immer öfter auf tierische Lebens- und Hilfsmittel verzichten. Der Name stammt aus dem Malaiischen und bedeutet «Lebensmittel aus Algen, das geliert». Die weisse Substanz wird hauptsächlich aus Rotalgen extrahiert. Ihre Gelierkraft ist sechsmal stärker als jene der Gelatine. Weil das pflanzliche Produkt geschmacksneutral ist, wird es für süsse und herzhafte Speisen eingesetzt. Das mineralstoffreiche Bindemittel wird von der auf vegetabile Produkte von höchster Qualität spezialisierten Toggenburger Firma Morga AG vertrieben. Es ist in Reformläden, Drogerien und bei COOP erhältlich.
www.morga.ch

Safrancreme

SAFRAN MACHT NICHT NUR DEN KUCHEN GELB

Eine kleine Prise reicht, um Speisen wie Risotto, Paella oder Bouillabaisse eine goldgelbe Farbe und einen feinen moschusartigen Duft zu verleihen. Safran wird aber auch für Süssspeisen verwendet. In einem alten Kinderlied heisst es, dass Safran zu den «sieben Sachen» gehört, um einen guten Kuchen zu backen. Allerdings sollte das Gewürz erst am Schluss hinzugegeben oder nur kurz mitgekocht werden. Crocus sativus, so der lateinische Name des Safran-Krokus, sieht auf den ersten Blick aus wie eine Herbstzeitlose. Was diese im Herbst blühende Krokusart so besonders macht, sind ihre drei roten carotinoidhaltigen Stempelfäden, die aus dem Griffel wachsen. Die 2,5 bis 3,5 cm langen Fäden werden in mühsamer Handarbeit geerntet und getrocknet als Gewürz verwendet.

2½ dl Milch – 1 Vanilleschote – 3½ dl Rahm – 15 Safranfäden – 75 g Zucker – 4 Eigelbe

1 Backofen auf 160 °C vorheizen.

2 Milch und aufgeschnittene Vanilleschote aufkochen, Vanillemark abstreifen und zur Milch geben.

3 Rahm und Safran aufkochen, Vanillemilch unterrühren. Abkühlen lassen.

4 Zucker und Eigelbe zu einer luftigen, cremigen Masse aufschlagen. Milch-Rahm-Gemisch nach und nach unterrühren. Durch ein feines Sieb passieren. Safrancreme in ofenfeste Portionenförmchen füllen.

5 Förmchen in eine tiefe Form stellen und bis auf ¾ Höhe mit warmem Wasser (80 °C) füllen, Safranköpfchen im vorgeheizten Backofen bei 160 °C rund 20 Minuten bei leicht geöffneter Tür pochieren. Garprobe machen. Herausnehmen und abkühlen lassen.

GARNITUR Mit in Zuckersirup eingelegten Safranfäden garnieren oder mit Zucker bestreuen und diesen mit dem Bunsenbrenner karamellisieren.

Safran

HEUTE BESTELLT, MORGEN GELIEFERT

Mahler & Co. gehörten zu den ersten Produzenten in der Schweiz, die ausschliesslich biologisch produzierte Lebensmittel verkauften. Um den geänderten Konsumentenbedürfnissen entgegenzukommen, kann das feine Bio-Angebot nun auch online bestellt werden. Geliefert wird am folgenden Tag. Die Safranfäden aus Bio-Produktion (Waldviertel/A) sind gemahlen und im 0,5-Gramm-Reagenzglas erhältlich. Für ein Kilogramm dieses Gewürzes, dem eine aphrodisierende Wirkung nachgesagt wird, braucht es etwa 150000 Stempelfäden. Das erklärt, warum Safran eines der teuersten Gewürze ist. Die Hauptanbaugebiete befinden sich im Orient und im Mittelmeerraum. Seit dem 14. Jahrhundert wird auch in der Walliser Gemeinde Mund Safran angepflanzt, wobei hier die Ernte nur etwa 2 Kilogramm/Jahr beträgt.
www.mahlerundco.ch

«Schoggi-Schyterbygi»

KUCHEN BACKEN OHNE BACKOFEN

Eigentlich sind die klassischen Petit Beurre ziemlich trocken. Doch sie zählen zu den beliebtesten Biskuits und sind fast in jedem Haushalt zu finden. Aus Petit Beurre lassen sich wunderbare Dessert-Kreationen herstellen, zum Beispiel diese Nascherei mit Schokolade. Diese ungebackene «Schoggi-Schyterbygi», die auch «Kalter Hund» genannt wird, ist einfach herzustellen und findet reissenden Absatz an Kindergeburtstagen und an jeder Klassenfete. Nach überliefertem Rezept wird Kokosfett verwendet, damit die Schokoladenmasse fest wird. Wenn man kalt gepresstes Kokosfett nimmt, soll der «Kalte Hund» sogar gesund sein – vorausgesetzt, man geniesst ihn mit Mass. Es kann auch Butter oder Rahm verwendet werden, wenn der Cake lange genug kühl gestellt wird.

FÜR EINE CAKEFORM VON 28CM LÄNGE 100g Petit Beurre – 250g Butter – 200g Zartbitterschokolade (Crémant), zerkleinert – 3 frische Eier – 150g Puderzucker – 1 Prise Salz – 4 EL Kakaopulver

1 Butter und Schokolade unter Rühren bei schwacher Hitze schmelzen. Die Masse darf nicht heiss werden. Auskühlen lassen.

2 Eier, Puderzucker und Salz verrühren, Kakaopulver und abgekühlte Butter-Schokoladen-Masse unterrühren.

3 Form mit Backpapier auskleiden. Auf den Boden Biskuits legen, Schokoladenmasse 5mm dick darauf verteilen, wieder eine Lage Biskuits, Schokoladenmasse usw., abschliessen mit der Schokoladenmasse.

4 Cake im Kühlschrank etwa 5 Stunden fest werden lassen. Cake mit Papier aus der Form heben, Papier vorsichtig entfernen, Cake auf einer Platte anrichten.

Petit Beurre

KLEINE BUTTERKEKSGESCHICHTE

Petit Beurre gehören zu den klassischen Schweizer Feingebäcken. Erfunden wurde das Dauergebäck aber von den Franzosen: 1886 kreierte die Pâtisserie Lefèvre Utile in Nantes die ersten Petit Beurre. Fünf Jahre später brachte eine deutsche Firma den Butterkeks auf den Markt, ein fast identisches Gebäck. Auch die Schweizer machten sich ans Werk, denn Petit Beurre sind für die industrielle Herstellung ideal. Knusprig und leicht gesüsst eignen sich die rechteckigen Guetzli mit den typischen «Zähnen» für jede Gelegenheit. Übrigens wird die Petit-Beurre-Produktionsstrasse bei Kambly in Trubschachen drei- bis viermal pro Jahr umgerüstet, um die in jedem Armee-«Zwipf» enthaltenen und vor allem bei der Dorfjugend beliebten Militärbiskuits zu produzieren.
www.kambly.com

Öpfelchüechli

LECKERE «SCHEIBEN MIT LOCH»

Was den Amerikanern der Donut, ist den Schweizern das Öpfelchüechli. Nur sind unsere «Scheiben mit dem Loch» nicht so trocken. Ihr Innenleben besteht nämlich aus saftig-säuerlichen Apfelringen. Ein wunderbares Grossmutter-Dessert, das gerade heute wieder eine Renaissance erlebt. Richtig luftig wird der Teig, wenn das Eiweiss separat geschlagen und sorgfältig unter den Ausbackteig gehoben wird. Perfekt schmecken die Apfelküchlein aber erst, wenn sie in Zimtzucker gewendet werden. Dann braucht es auch keine Vanillesauce dazu – eine Mode, die sich auf vielen Dessertkarten eingeschlichen hat.

1 Ei – 1 EL Zucker – 7 EL Milch – 1 Prise Salz – 1 TL Öl – 125 g Weissmehl – ½ TL Backpulver – 2 säuerliche Äpfel, z. B. Boskop – ½ Zitrone, Saft – Frittieröl – ½ TL Zimtpulver – 2 EL Zucker

1 Für den Ausbackteig Ei, Zucker, Milch, Salz und Öl verquirlen. Das mit Backpulver vermischte Mehl unterrühren. Teig zugedeckt 30 Minuten ruhen lassen.
2 Äpfel nach Belieben schälen, Kerngehäuse ausstechen, Früchte in etwa 1 cm dicke Scheiben schneiden, mit Zitronensaft beträufeln.
3 Öl in Fritteuse oder Brattopf auf 180 °C erhitzen. Apfelringe im Ausbackteig wenden, im heissen Öl portionsweise schwimmend backen. Zimt und Zucker mischen, über die Apfelküchlein streuen.

Apfel-Box

APFELKÜCHLEIN SIND SEELENNAHRUNG

Welcher Apfel eignet sich am besten für Apfelküchlein? Noch immer steht Boskop, eine alte Apfelsorte, ganz zuoberst auf dieser Liste. Es können aber auch Herbstsorten wie Golden Delicious, Elstar, Cox Orange, Rubinette oder Lagersorten wie Jonagold verwendet werden. Und wie kommt man mit wenig Zeitaufwand zu den richtigen Äpfeln? Beispielsweise mit einem BIO BOX-Abo von Mahler & Co., dem Aargauer Bio-Online-Unternehmen, auf dessen Homepage der sinngemässe Werbespruch zu lesen ist: «Bio kommt nicht von ungefähr, sondern per Mausklick und A-Post.» Ohne Zwischenhandel werden viele Agrarprodukte direkt von den Herstellern ausgeliefert, die sich an die strengen Bio-Richtlinien halten. Eine Win-win-Situation für alle Beteiligten und die Natur.

www.mahlerundco.ch

Marroniparfait

HEISS ODER KALT

Was gibt es im Winter Schöneres, als am Stand des Marroni-Manns eine Spitztüte mit heissen Marroni zu kaufen. Sie wärmen Hände, Herz und Magen gleichermassen. Zu den kalten Alternativen, die nicht nur an heissen Sommertagen beliebt sind, gehört ein Parfait aus Marronipüree. Es gibt Dessertkünstler, die mit ein paar zusätzlichen Zutaten echte Gaumenkitzeleien zustande bringen. Doch bereits Anfänger kommen mit der Grundvariante aus pürierten Marroni, Eiern, Zucker und Rahm zurecht und können damit bei ihren Gästen Eindruck schinden. Um den Arbeitsaufwand zu begrenzen, kann man zu vorgekochten Marroni oder zur fixfertigen, tiefgekühlten Marronimasse greifen.

Marroniparfait 2–3 Eigelbe – 2 EL Akazienhonig – 200 g ungesüsstes Bio-Marronipüree – 3 dl Rahm – 1 Msp Vanillepulver – **Garnitur** 1 EL Marronilikör oder Amaretto – Früchte, für die Garnitur

1 Eigelbe und Honig cremig-luftig aufschlagen, mit der Küchenmaschine mindestens 10 Minuten, mit dem Schneebesen 15 Minuten. Marronipüree unterrühren.

2 Rahm mit Vanillepulver steif schlagen, unter die Marronimasse ziehen.

3 Parfaitmasse in Portionenförmchen füllen, im Tiefkühler fest werden lassen.

4 Parfait 10 Minuten vor dem Servieren in den Kühlschrank stellen. Förmchen in heisses Wasser tauchen, Rand mit einem Messer lösen, Köpfchen stürzen. Mit Kastanienlikör beträufeln. Mit Früchten umgeben und nach Belieben mit Schlagrahm garnieren.

VARIANTE Marronipüree durch Marroni aus dem Glas ersetzen, pürieren. Oder tiefgekühlte Marroni im Dampf weich garen, pürieren.

Edelkastanien

ALTES KULTURGUT ERHALTEN

Der grösste Teil der in der Schweiz verkauften Kastanien und Kastanienprodukte wird importiert. Bei diesen Kastanien handelt es sich vorwiegend um grossfrüchtige Züchtungen, die statt der üblichen drei Nüsse nur eine, dafür eine besonders grosse in der stacheligen Hülle bilden. Dank neu erwachtem Interesse an diesem alten Kulturgut ist die Fläche der Kastanienselven im Tessin wieder auf über 2000 Hektaren angewachsen. Um alte Sorten zu erhalten und neue, gegen Krankheiten und Schädlinge resistentere Sorten heimisch zu machen, werden Edelreiser auf Stockausschläge alter Bäume gepfropft. Allerdings führt die Nutzung und Weiterverarbeitung der Nussfrüchte noch immer ein Nischendasein: Bewirtschaftet werden weniger als ein Zehntel der einheimischen Kastanienwälder.
Kastanienspezialitäten Müllauer, Dübendorf:
www.lapinca.ch

Merängge mit Vanillecreme

AUF WOLKE SIEBEN

Luftig-leicht wie eine Wolke und zuckersüss, so müssen die echten Emmentaler «Merängge» sein. Manche sind schneeweiss, andere leicht gebräunt mit Karamellgeschmack. Je nach Geheimrezeptur und Backzeit sind sie staubtrocken oder innen noch leicht klebrig. Serviert werden sie in der Regel mit einem Riesengebirge von Schlagrahm – Eiger, Mönch und Jungfrau lassen grüssen. Jedenfalls kann man ganz gut auf den Hauptgang verzichten, wenn einem der Sinn nach einer ganzen Portion dieser süssen Sünde ist. Sie bildet den krönenden Abschluss mancher bodenständigen Mahlzeit in einem der vielen heimeligen Emmentaler Gasthöfe; da hat wohl jeder seine ganz persönlichen Erinnerungen. Das aus steif geschlagenem Eiweiss und Zucker bestehende Schaumgebäck kann man kaufen oder selbst herstellen und mit Vanille- oder Fruchtcreme füllen.

8 Meringueschalen – **Vanillecreme** 3 Blatt Gelatine – 1 EL Maisstärke (Maizena) – 4 Eigelbe – 60 g Zucker – 4 dl Milch – 1 Vanilleschote, aufgeschnitten – 3 EL Rum, nach Belieben – 50 g kandierte Früchte (Zitronat und Orangeat) – 2½ dl Rahm – Schlagrahm

1 Gelatineblätter in kaltem Wasser einlegen. Maisstärke mit wenig Milch glatt rühren.

2 Maisstärke, Eigelbe, Zucker, Milch und Vanille in einer Pfanne unter Rühren aufkochen, Creme bei mittlerer Hitze unter Rühren binden. Nicht kochen. Pfanne von der Wärmequelle nehmen. Vanilleschote herausnehmen, Mark zur Creme streifen. Gut ausgedrückte Gelatine unterrühren. Zugedeckt auskühlen lassen. Sobald die Creme eindickt, Rum und kandierte Früchte unterrühren. Rahm steif schlagen und unterziehen.

3 Vanillecreme mit Eisportionierer oder Esslöffel portionieren und zwischen 2 Meringueschalen anrichten. Mit Schlagrahm garnieren.

Merängge

WENIG AUFWAND FÜR VIEL DESSERT

Eigentlich bestehen die Meringues aus nichts weiter als «geschlagener Luft». Gibt man Zucker dazu, wird der Schaum fest. In vielen Familien gehören Meringues quasi zum Notvorrat. Sei es, um unerwartetem Besuch ein schnelles Dessert aufzustellen oder um persönliche Katastrophen zu versüssen. Im Unterschied zu den selbstgemachten sind die in Manufakturen oder industriell hergestellten Meringues stabiler und haben eine glatte, glänzende Oberfläche. Nach altem Rezept mit modernen Mitteln hergestellt werden die «Merängge» im Emmentaler Backwaren-Betrieb in Biglen. Das Eiweiss für die ganze Freudiger Meringues-Familie, vom «Riesen» bis zum kleinen «Rosettli» und weiteren Spezialitäten, stammt aus artgerechter Tierhaltung. Ob von Hand hergestellt oder mit modernen Maschinen, die Emmentaler Spezialität ist im ganzen Land beliebt. www.emmentaler-backwaren.ch

Dörrobstsalat mit Zimtparfait

GESUNDE ABKÜHLUNG

«Desserts machen glücklich und bauen Stress ab», ist in einer wissenschaftlichen Studie zu lesen. Aber sind sie auch gesund? Diese Frage erübrigt sich beim vorgeschlagenen Rezept. Dörrobst enthält wertvolle Vitamine, Mineralstoffe und viel natürlichen Fruchtzucker. Honig macht das Parfait süss, Rahm und Eigelb cremig – alles natürlich. Das einzige Problem ist das erhöhte Suchtpotenzial, das von dieser kalten, süss-säuerlichen Köstlichkeit ausgeht. Doch wenn man das «Natur-Dessert» bewusst geniesst, ist auch diese Gefahr halbwegs gebannt.

200g gemischte Dörrfrüchte: Zwetschgen, Äpfel, Birnen, Weintrauben – 2dl Schwarztee – 4EL helle Konfitüre (Mirabelle, Aprikose, gelbe Pflaume) – **Zimtparfait** 2 Eigelbe – 2EL Blütenhonig – ½EL Macispulver (Muskatblüte) – 1EL Zimtpulver – 2½dl Rahm

1 Für den Fruchtsalat Dörrfrüchte (ohne Weintrauben) in Streifen schneiden, Schwarztee erwärmen und darübergiessen, 2 Stunden zugedeckt ziehen lassen. Konfitüre unterrühren.

2 Für das Parfait Eigelbe und Honig luftig aufschlagen, Macis- und Zimtpulver unterrühren. Rahm steif schlagen und unterziehen. In eine Vorratsdose füllen. 2 Stunden oder länger in den Tiefkühler stellen. Parfait 10 Minuten vor dem Servieren in den Kühlschrank stellen.

3 Fruchtsalat samt Fruchtsauce in tiefen Tellern anrichten. Parfait mit dem Eisportionierer portionieren und die Kugel auf den Dörrfruchtsalat setzen.

Dörrfrüchte

SOMMERSONNE IN KONZENTRIERTER FORM

Beim Obst und beim Gemüse ist es nicht einfach, Ernte und Absatz synchron zu steuern. Manchmal gibt es zu wenig, doch die Nachfrage ist gross. Manchmal gibt es zu viel. Dann fragt sich, wie die Überschüsse am besten haltbar gemacht werden können. Eine uralte, aber für viele Produkte sehr sinnvolle Methode ist das Dörren. Da und dort gibt es öffentliche Dörranlagen, die grössere und kleinere Mengen Äpfel, Birnen, Zwetschgen, Bohnen und andere gerüstete, geschnippelte oder blanchierte Feld- und Gartenprodukte günstig dörren. Und selbstverständlich kann es jeder selber versuchen, ob mit elektrischem oder im Solar-Dörrex oder im Backofen. Heute lautet die Devise: eher bei niedriger Temperatur, dafür etwas länger trocknen lassen. Das schont die Inhaltsstoffe.

Schokoladeneiscreme

GLÜCK, DAS AUF DER ZUNGE SCHMILZT

Alexander von Humboldt war überzeugt, dass die Natur kein zweites Mal eine solche Fülle wertvollster Nährstoffe auf so kleinem Raum zusammengedrängt habe wie bei der Kakaobohne. Der Ernährungsforscher Michael Levine unterstützt dies: «Chemisch gesehen ist Schokolade tatsächlich das vollkommenste Nahrungsmittel der Welt.» Als Schokoladenliebhaber halten wir uns an das Zitat eines unbekannten Fans: «Solange die Kakaobohnen an Sträuchern wachsen, gehört Schokolade zum Obst.» Oder wir rechtfertigen uns mit Wim Wenders: «Schokolade ist fassbares, greifbares und vor allem essbar gewordenes Glücksgefühl.» So gesehen, kann das Stück Schoggi, das wir genüsslich auf der Zunge vergehen lassen, höchstens durch einen Becher hausgemachter Schokoladeneiscreme übertroffen werden.

250g helle Kuvertüre, grob gehackt – ½l Milch – 100g Zucker – 1dl Rahm, gekühlt

1 Milch und Zucker erhitzen. Topf von der Wärmequelle nehmen. Couverture zufügen und unter Rühren schmelzen. Creme unter häufigem Rühren lauwarm abkühlen lassen. Rahm unter die Schokoadencreme rühren.
2 Schokoladencreme in die laufende Eismaschine giessen, gefrieren lassen. Eventuell im Tiefkühler noch fester werden lassen.

Schokolade

DIE SÜSSESTE VERSUCHUNG

Es gibt sie in Weiss, Braun und Schwarz. Kakaopulver gibt der Masse die schoggibraune Farbe. Je höher der Anteil, desto dunkler wird sie. Nimmt man Kakaobutter statt -pulver, wird die Schokolade weiss. Beim Kakaopulver gibt es gewaltige Qualitätsunterschiede. Damit kennt sich die Confiserie Bachmann in Luzern aus. Für ihre auserlesenen Spezialitäten verarbeitet sie edle Ingredienzen von höchster Güte. Das Familienunternehmen hat sich in seiner über hundertjährigen Geschichte zu einem der «süssesten» Traditionshäuser der Schweiz entwickelt. Berühmt ist es vor allem für seine Patisserie- und Confiserie-Spezialitäten. Tradition, Kreativität, Herzblut und erlesene Zutaten sind das Geheimrezept ihrer schönen Handwerkskunst – ein richtiges Schlaraffenland. www.confiserie.ch

ANHANG

Bezugsquellen und Kontaktadressen

A

Aargauer Premiumweine
Weinbau Hartmann AG
5236 Remigen
www.weinbau-hartmann.ch

Abo-Boxen Gemüse und Äpfel
Mahler & Co.
5506 Mägenwil
www.bio-box.ch

Agar-Agar
Morga AG
9642 Ebnat-Kappel
www.morga.ch

Angus-Beef
Wendelinhof
5524 Niederwil
www.wendelinhof.ch

Apfelsaft
Ramseier Suisse AG
6210 Sursee
www.ramseier.ch

Appenzeller Bier
Brauerei Locher AG
9050 Appenzell
www.appenzellerbier.ch

Appenzeller® Käse
SO Appenzeller Käse GmbH
9050 Appenzell
www.appenzeller.ch

B

Baumnüsse
Nussbaumschule Gubler
8507 Hörhausen
www.nussbaeume.ch

Bier
Brauerei Locher AG
9050 Appenzell
www.appenzellerbier.ch

Bio-Fleisch
Fidelio Produkte AG
5000 Aarau
www.fidelio.ch

Bio-Forelle Blausee
Bio-Forellenzucht Blausee
3717 Blausee
www.blausee.ch

Bio-Honig
Marco Paroni
3373 Heimenhausen
www.paronihonig.ch

Bio-Onlineshop
Mahler & Co.
5506 Mägenwil
www.mahlerundco.ch

Birnen, gedörrt
Öpfelfarm
9314 Steinebrunn
www.oepfelfarm.ch

Birnensenf
Biofarm-Genossenschaft
4936 Kleindietwil
www.biofarm.ch

Bisquits
Kambly SA
3555 Trubschachen
www.kambly.ch

Blauburgunder
Bündner Herrschaft
Wegelin Scadenagut
7208 Malans
www.malanser-weine.ch

Bratwurst
Metzgerei Schmid
9000 St. Gallen
www.metzgerei-schmid.ch

Bretzeli
Kambly SA
3555 Trubschachen
www.kambly.ch

Bündnerfleisch
Brügger Naturlufttrocknung
7076 Parpan
www.bruegger-parpan.ch

C

Capuns
La Pasteria Fattoria AG
7302 Landquart
www.la-pasteria.com

Cervelats
Metzgerei Meinen AG
3001 Bern
www.meinen.ch

D

Dijon-Senf
Reitzel (Suisse) S.A.
1860 Aigle
www.hugoreitzel.ch

Dinkel/UrDinkel
IG Dinkel
3552 Bärau
www.urdinkel.ch

Dinkelgriess
Biofarm-Genossenschaft
4936 Kleindietwil
www.biofarm.ch

Dörrbohnen
Schweizer Naturprodukte
3472 Wynigen
www.schweizernaturprodukte.ch

Dörrfrüchte
Öpfelfarm
9314 Steinebrunn
www.oepfelfarm.ch

E

Edelkastanien
La Pinca
8600 Dübendorf
www.lapinca.ch

Emmentaler Butterbretzeli und andere Bisquits
Kambly SA
3555 Trubschachen
www.kambly.ch

Emmentaler Pastetli und Meränggе
Freudiger AG
3507 Biglen
www.emmentaler-backwaren.ch

Engandiner Nusstorte
Hauser St. Moritz
7500 St. Moritz
www.hotelhauser.ch

Essig
Biofarm-Genossenschaft
4936 Kleindietwil
www.biofarm.ch

Essiggurke
Reitzel (Suisse) S.A.
1860 Aigle
www.hugoreitzel.ch

F

Fleisch
Metzgerei Meinen AG
3001 Bern
www.meinen.ch

Fleisch/Angus-Beef
Wendelinhof
5524 Niederwil
www.wendelinhof.ch

Fleisch von der Gämse
Curschellas SA
7188 Sedrun
www.sedruner-fleisch.ch

Fleisch von Fidelio
Fidelio Produkte AG
5000 Aarau
www.fidelio.ch

Fleisch Natura-Beef
M. & R. Hauenstein
5304 Endingen
www.loohof.com

Forelle, geräuchert
Bio-Forellenzucht Blausee
3717 Blausee
www.blausee.ch

Frischkäse
Züger Frischkäse AG
9245 Oberbüren
www.frischkaese.ch

G

Gemüsebouillon
Morga AG
9642 Ebnat-Kappel
www.morga.ch

Gewürze und Kräuter
Bio-Onlineshop
5506 Mägenwil
www.mahlerundco.ch

Glarner Schabziger
GESKA AG
8750 Glarus
www.schabziger.ch

Griess
Biofarm-Genossenschaft
4936 Kleindietwil
www.biofarm.ch

H

Hafer
Biofarm-Genossenschaft
4936 Kleindietwil
www.biofarm.ch

Hirse
Biofarm-Genossenschaft
4936 Kleindietwil
www.biofarm.ch

Honig (Bio)
Marco Paroni
3373 Heimenhausen
www.paronihonig.ch

Hülsenfrüchte
Biofarm-Genossenschaft
4936 Kleindietwil
www.biofarm.ch

Morga AG
9642 Ebnat-Kappel
www.morga.ch

J

Joghurt
Milchmanufaktur Einsiedeln
8846 Willerzell
www.milchmanufaktur.ch

K

Kartoffeln
swisspatat
3001 Bern
www.kartoffel.ch

Kastanienprodukte
La Pinca
8600 Dübendorf
www.lapinca.ch

Käse
SO Appenzeller® Käse GmbH
9050 Appenzell
www.appenzeller.ch

Tilsiter Switzerland GmbH
8570 Weinfelden
www.tilsiter.ch

Kirschtorte
Confiserie Speck
6304 Zug
www.speck.ch

Konfitüren
Biofarm-Genossenschaft
4936 Kleindietwil
www.biofarm.ch

Kuvertüre Schokolade
Confiseur Bachmann AG
6002 Luzern
www.confiserie.ch

L

Linsen
Biofarm-Genossenschaft
4936 Kleindietwil
www.biofarm.ch

Luzerner Wein
J & H Südhang GmbH
6274 Eschenbach
www.vomsuedhang.ch

M

Mais
Linthmais-Mühle Bruhin
8856 Tuggen
www.linthmais.ch

Maluns
La Pasteria Fattoria AG
7302 Landquart
www.la-pasteria.com

Marroni
La Pinca
8600 Dübendorf
www.lapinca.ch

Meringues / Merängge
Freudiger AG
3507 Biglen
www.emmentaler-backwaren.ch

Merlot Carato
Vini & Destillati Delea
6616 Losone
www.delea.ch

Mozzarella
Züger Frischkäse AG
9245 Oberbüren
www.frischkaese.ch

N

Natura-Beef
M. & R. Hauenstein
5304 Endingen
www.loohof.com

Nudeln
Kernser Pasta
6064 Kerns
www.kernser-pasta.ch

O

Öle / Schweizer
Biofarm-Genossenschaft
4936 Kleindietwil
www.biofarm.ch

P

Pastetli, Emmentaler
Freudiger AG
3507 Biglen
www.emmentaler-backwaren.ch

Pflanzenöle
Biofarm-Genossenschaft
4936 Kleindietwil
www.biofarm.ch

Pizokel
La Pasteria Fattoria AG
7302 Landquart
www.la-pasteria.ch

R

Raclettekäse Wallis
Dorsaz, Simplon Käse
3901 Simplon-Dorf
www.simplon-kaese.ch

Rapsöl
Biofarm-Genossenschaft
4936 Kleindietwil
www.biofarm.ch

Ribelmais
Rheintaler Ribelmais
9465 Salez
www.ribelmais.ch

Linthmais-Mühle Bruhin
8856 Tuggen
www.linthmais.ch

Risotto
Terreni alla Maggia
6612 Ascona
www.terreniallamaggia.ch

Roland Zwieback
Roland Murten AG
3280 Murten
www.roland.ch

Rohschinken
Brügger-Parpan
7076 Parpan
www.bruegger-parpan.ch

Rotkraut
Schöni Swissfresh AG
4538 Oberbipp
www.schoeni-swissfresh.ch

S

Safran
Bio-Onlineshop
5506 Mägenwil
www.mahlerundco.ch

Sauerkraut
Schöni Swissfresh AG
4538 Oberbipp
www.schoeni-swissfresh.ch

Sedruner Fleisch
Curschellas SA
7188 Sedrun
www.sedruner-fleisch.ch

Senf
Biofarm-Genossenschaft
4936 Kleindietwil
www.biofarm.ch

Reitzel SA
1860 Aigle
www.hugoreitzel.ch

St. Galler Bratwurst
Metzgerei Schmid
9000 St. Gallen
www.metzgerei-schmid.ch

Süssmost / Apfelwein
Ramseier Suisse AG
6210 Sursee
www.ramseier.ch

Sch

Schabziger
GESKA AG
8750 Glarus
www.schabziger.ch

Schokolade
Confiserie Bachmann AG
6002 Luzern
www.confiserie.ch

Schweizer Gitzi
Schweizerischer Ziegenzuchtverband
3052 Zollikofen
www.schweizer-gitzi.ch

Schweizer Kartoffeln
swisspatat
3001 Bern
www.kartoffel.ch

Schweizer Rapsöl
Biofarm-Genossenschaft
4936 Kleindietwil
www.biofarm.ch

T

Teigwaren
Pasta Röthlin AG
6064 Kerns
www.kernser-pasta.ch

Tessiner Reis und Polenta
Terreni alla Maggia
6612 Ascona
www.terreniallamaggia.ch

Tilsiter
Tilsiter Switzerland GmbH
8570 Weinfelden
www.tilsiter.ch

Trockenfleisch
Brügger Naturlufttrocknung
7076 Parpan
www.bruegger-parpan.ch

Trockenfrüchte
Öpfelfarm
9314 Steinebrunn
www.oepfelfarm.ch

Trüffel Schweiz
Esther Bieri-Zulauf
3437 Rüderswil
www.schlaraffenland.ch

U

UrDinkel-Mehl
IG Dinkel
3552 Bärau
www.urdinkel.ch

V

Vacherin fribourgeois AOP
IP du Vacherin fribourgeois AOP
1630 Bulle
www.vacherin-fribourgeois-aoc.ch

W

Walliser Käse/Raclettekäse
Dorsat, Simplon-Käse
3901 Simplon-Dorf
www.simplon-kaese.ch

Weine
J & H Südhang GmbH
6274 Eschenbach
www.vomsuedhang.ch

Vini & Destillati Delea
6616 Losone
www.delea.ch

Wegelin Scadenagut
7208 Malans
www.malanser-weine.ch

Weinbau Hartmann AG
5236 Remigen
www.weinbau-hartmann.ch

Z

Zuger Kirschtorte
Confiserie Speck
6304 Zug
www.speck.ch

Zwieback von Roland
Roland Murten AG
3280 Murten
www.roland.ch

Register

A

B

C

D

E

F

G

H

I

K

L

M

O

P

R

S

Sch

T

W

Z

Bildnachweis

Foodbilder

Claudia Albisser Hund Seiten 25, 31, 32, 35, 37, 39, 45, 47, 57, 59, 63, 66, 69, 71, 75, 85, 95, 99, 101, 103, 105, 107, 111, 113, 150, 153, 155, 157, 159, 161, 167, 171, 177, 179, 181, 183, 189, 191, 193, 195, 199, 205, 210

Luzia Broger Seite 19

Dave Brüllmann Seiten 17, 23, 53, 117, 197

Pierre Michel Delessert Seite 115

Bildnachweis bei **Emmi** Seite 83

Priska Furrer, Oliver Hallberg Seite 27

Martin Hemmi Seiten 87, 134, 143, 147

König & König Seiten 137, 201

Jules Moser Seiten 49, 65

iStock/thinkstock Seite 209

Andreas Thumm Seiten 15, 21, 29, 41, 43, 47, 51, 61, 73, 77, 79, 81, 89, 91, 92, 97, 109, 118, 121, 123, 125, 127, 129, 131, 133, 139, 141, 145, 149, 165, 169, 175, 185, 203, 207

Patrick Zemp Seite 163

Vignettenfotos

Claudia Albisser Hund Seiten 163, 209

apis Bildagentur Seite 175

Bildnachweis bei **Appenzeller Bier** Seiten 27, 41

Erica Bänziger Seiten 89, 161, 203

Bildnachweis bei **Biofarm** Seiten 21, 39, 59

Gabriela Brugger Seiten 49, 55, 87

Bildnachweis bei **Brügger.Parpan** Seite 59

Dave Brüllmann Seite 61

Thomas Cugini Seite 91

David Dietz Seiten 123, 141

Markus Dlouhy Seiten 45, 49, 73, 111, 113, 115, 147, 169, 171, 189

Eidgenössische Forschungsanstalt, Wädenswil Seite 207

Bildnachweis bei **Emmentaler Backwaren Freudiger AG** Seiten 107, 205

Ernst Fretz Seite 43

Bildnachweis bei **Geska AG** Seite 71

Bildnachweis bei **Hauser St. Moritz** Seite 173

Bildnachweis bei **Kambly SA** Seite 167

Andreas Knecht Seite 153

König & König Seiten 181

Ivo Kuthan Seite 197

Bildnachweis bei **Mahler und Co. AG** Seite 201

Bildnachweis bei **Meinen AG** Seite 35

Jules Moser Seiten 17

Peter Mosimann Seiten 51, 149

Bildnachweis bei **Reitzel (Suisse) S.A.** Seiten 83, 131

Bildnachweis bei **Rheintaler Ribelmais** Seite 81

Bildnachweis bei **Roland Murten AG** Seite 75

Bildnachweis bei **Schweizerischen Vereinigung der AOP-IGP** Seiten 25

Bildnachweis bei **SO Appenzeller Käse GmbH** Seite 27

Bildnachweis bei **Daniel Suter** Seiten 145, 177

Bildnachweis bei **swisspatat** Seite 79